Philipp Flury

Unter anderen Umständen

**Meiner Mutter,
meinen lieben Geschwistern,
meinen Nichten und Neffen
und René gewidmet**

*Meine lieben Hermine!
Zwei Wege. Zwei Schicksale.
Das geschriebene Wort
hat uns zusammengebracht.
Und aus uns Freunde
gemacht.
 Alles Gute und Liebe
 Hmm*

29. März 2009

© 2007 Verlag:
SpectraMotion AG, Gräslikon,
www.verlag@tv-productions.ch,
in Zusammenarbeit mit dem
Liebig Verlag, Frauenfeld,
www.verlag-liebig.de

Gestaltung:
SpectraMotion AG
Wilerstrasse 17
CH-8415 Gräslikon
www.tv-productions.ch
verlag@tv-productions.ch

Umschlaggestaltung:
Jürgen von Winterfeldt

Druck:
Schweiz

ISBN:
978-3-9523382-0-9

Alle Rechte vorbehalten. Ohne schriftliche Genehmigung des SpectraMotion Verlags ist es nicht gestattet, das Werk unter Verwendung mechanischer, elektronischer und anderer Systeme in irgendeiner Weise zu verarbeiten und zu verbreiten, Beispielsweise auf dem Internet (nur für Buchbesprechungen und -hinweise gestattet). Insbesondere vorbehalten sind Rechte der Vervielfältigung – auch von Teilen des Werkes – auf fotomechanischem oder ähnlichem Wege, der tontechnischen Wiedergabe, des Vortrags, der Funk- und Fernsehsendung, der Speicherung in Datenverarbeitungsanlagen, der Übersetzung und der literarischen oder anderweitigen Bearbeitung.

«Nichts ist verblüffender
als die einfache Wahrheit,
nichts ist exotischer
als unser Leben,
nichts ist phantasievoller
als die Sachlichkeit»

*(Erwin Kisch, Journalist und Reiseschriftsteller.
«Der rasende Reporter der Weimarer Zeit»)*

Inhalt

Kapitel

Vorwort	9
Die Fahrt beginnt	11
Zwei Geschichten	15
Das Bajonett	23
Holz	29
Die Spionin	39
Die grosse Liebe	43
Luzern	51
Die neue Arbeit	55
Die Nacht der Nächte	59
Die Gewissheit	63
Bei Anneli in Altdorf	77
Wiedersehen mit den Eltern	81
«Ich gehe fort, um eine Frau zu werden»	89
Kinderschicksale	101
Der Graf	109
Im «Maison de la Tour»	117
Annemasse	127
Die Geburt	135
In den Armen	145
Das lange Warten	149
Die Heirat	155
Das Pflegekind	159
Endlich, aber noch kein Ende	163
Endstation	171
Quellen	175

Vorwort

Eigentlich wollte ich unsere Familiengeschichte niederschreiben, um meinen jüngeren Geschwistern, vor allem aber auch den nächsten Generationen einen Einblick in die Vergangenheit der Familie mütterlicherseits zu geben. Ich wollte aber auch, um es mit der deutschen Journalistin Carolin Emke zu sagen: «*Den Opfern eine Stimme geben*». In diesem Fall meiner Mutter.
Die Wahrheit ist wie eine Pflanze: letztlich muss sie ans Licht! Die Absicht, die «Wahrheit» sozusagen künstlerisch in Form eines Romans umzusetzen und mir damit gewisse Freiheiten erlauben zu können, hat sich während des Schreibens mehr und mehr verändert und die Erzählung ist auch zu einem Zeitdokument geworden – in Text und Bild. Mir wurde bewusst, dass ich durch die Darstellung eines Lebensabschnitts meiner Mutter auch eine Epoche darstelle. Die Geschichte meiner Mutter in jungen Jahren, und damit verbunden meine Geburt und die Namensänderung, stehen im Vordergrund. Die Fakten aus der Zeit des Zweiten Weltkriegs, vor allem im Zusammenhang mit meinem Grossvater, sind jedoch zu einer ebenso wichtigen Zweithandlung des Buches geworden. Um den zeitgeschichtlichen Kontext zu vergegenwärtigen, habe ich seitlich «historische Skizzen» angebracht. Dieses Buch ist mein erster Tatsachenbericht in «Roman»-Form. Es hat mich mehr Zeit gekostet als alle anderen Bücher.
Vor allem habe ich die Geduld von René Egli immer wieder auf die Probe gestellt. Ihm danke ich von ganzem Herzen für seine permanente Unterstützung in allen Belangen.
Mit diesem Folianten verbinden sich auch schöne Erinnerungen, beispielsweise an Marsalforn auf der maltesischen Insel Gozo, wo ich am kleinen Hafen das Schreiben sehr genoss. Und zudem habe ich diesen Roman als erstes Buch in Renés Haus abschliessen können.

Die Fahrt beginnt

«Ist hier noch frei?», frage ich den allein sitzenden Mann am halbrunden Fünfertisch im Elvetino-Zug.
«Natürlich», entgegnet dieser freundlich.
«Es ist schon ein grosses Gedränge hier in Zürich. Die alten Speisewagen waren gemütlicher und man konnte auch noch, wenn alle Plätze belegt waren, problemlos durchlaufen. Aber tun sie das mal heute!»
Der Mann runzelt zustimmend die Stirn und lächelt, als ich meinen Mantel mühevoll ausziehen muss, weil hinter mir ständig Leute durchlaufen, die noch einen Platz zu ergattern suchen, allerdings meist vergeblich. Ich setze mich und stelle mich dem Gegenüber vor. Während wir in die kleine Menükarte schauen, beginnt der Zug zu rollen.
Als der Kellner kommt, bestelle ich eine heisse Schokolade. Wie immer morgens in einem Restaurant oder eben im Speisewagen. Der Kellner bringt kurz darauf das lauwarme Getränk.
Der Mann vis-à-vis in seinem dunkelblauen Pullover, zwei Spitzen seines hellgrauen Hemdes hervorguckend, ist in einen Stapel von Unterlagen vertieft, dann sagt er ganz überraschend:
«Marcel Küenzi ist mein Name. Entschuldigung, dass ich mich nicht schon früher vorgestellt habe.»
«Das macht doch nichts», entgegne ich.
«Allem Anschein nach haben auch Sie sich Arbeit mitgenommen für unterwegs.»
«Ja, das ist so üblich im Zug nach Genf. Man muss doch diese Stunden nützen, wenn man schon mit der Bahn fährt. Ich fahre diese Strecke schon lange nicht mehr mit dem Wagen. Ist zu mühsam bei dem Verkehr und vor allem auch langweilig. Und bei dem Wetter, jetzt im stürmisch-kalten November und dies auf der schlimmsten Autobahnstrecke Zürich - Bern. Nein. Das tu ich mir nicht an!»
Der Zug fährt ruhig an, fast unmerklich. Man hört nur das gleichmässige Rattern, wenn die Räder über eine Weiche

rollen. Es dauert lange, bis wir wieder miteinander reden. Und wir kommen uns dabei näher beim Erinnern an jene Zeiten, als das Essen im Speisewagen noch ein kleines Ereignis war und sich die Gäste über Gott und die Welt unterhielten.

«Ich kannte eine Witwe, die jahrelang regelmässig drei Tage pro Woche im Speisewagen quer durch die Schweiz fuhr, von früh bis spät in die Nacht hinein. Sie sass an einem Fenster und schaute den vorbeiziehenden Gegenden, Dörfern oder Städten nach oder beobachtete die Fahrgäste.»

«Und wer regelmässig fuhr, kannte auch die Kellner und wurde mit Namen angesprochen», meint er erinnerungsversunken.

Ich vertiefe mich in meine Lieblings-Zeitschrift und schaue immer wieder mal nach draussen.

Wenn ich ehrlich bin, interessieren mich momentan die neusten Computer und angepriesenen Softwarepakete wenig. Ich denke an meine Mutter, deren Spuren mich in die Romandie führen.

«Woran denken Sie?»

Die Frage meines Gegenübers reisst mich in die Wirklichkeit zurück.

«Wie bitte? - Ich habe an meine Mutter gedacht», sage ich. «Ich recherchiere und will die Spuren ihrer Jugendzeit ausfindig machen. Sie hatte kein einfaches Leben.»

Marcel hört interessiert zu.

«Weshalb ist Ihnen dies so wichtig? - Entschuldigen Sie, aber als Journalist interessieren mich solche Geschichten sehr.»

«Ich bin selbst Journalist und verstehe deshalb das Interesse: Diese Geschichte glaubt mir niemand, obwohl sie nicht erfunden ist.»

«Oder weil sie eben gerade vom Leben geschrieben wurde», fällt mir Marcel ins Wort.

«Richtig», dopple ich nach.

«Wissen Sie, ich kenne viele spannende Lebensgeschichten, die so tragisch-kitschig sind, als hätte sie Hedwig Courths-Mahler verfasst. Und diese ist eben eine solche.»

Wir lachen.

«Ich glaube, jetzt ist es an der Zeit, das Sie zu vergessen: Ich heisse Marcel. Und du?»

Er bestellt Rotwein, schenkt sich und mir ein, und prostet mir zu.
«Philipp. Freut mich. Prost!»
Die Gläser klingen.
«Das ist ja wirklich ein Zufall, dass wir am selben Tisch sitzen», meint Marcel, «aber es gibt viele Kolleginnen und Kollegen, die die Bahn benutzen. Vor allem diese Strecke, denn als Pendler lohnt sich die Fahrt per Bahn. Aber das hatten wir ja schon», sagt Marcel. Wir plaudern noch einige Minuten über Jobspezifisches, über die verschiedensten Verlage, die Pressesituation in der Schweiz und in Deutschland ...
Dann wirft er ein:
«Entschuldigung, aber eigentlich wolltest du von deiner Mutter erzählen, bevor ich dich unterbrochen habe.»
«Ihre Geschichte ist kitschig und tragisch, eben beides, wie es solche Stories an sich haben. Aber das Wichtigste dabei ist der Umstand, der meine Mutter von einem fröhlichen Mädchen zu einer traurigen Frau machte; wenigstens zu Beginn.
Ich bin ihr unehelicher Sohn. Und damals durfte dies in der Gesellschaft und im Besonderen in ihrer Familie, deren religiöse Verankerung in der Kirchgemeinde und genereller Einfluss enorm war, einfach nicht sein.»

Zwei Geschichten

«Billette bitte», macht sich der Kondukteur bemerkbar. Draussen hat das Wetter umgeschlagen. Es regnet leicht, die Scheiben sind nass, Wasserspuren laufen diagonal das Fenster hinunter. Wir beide sitzen da, jeder vor seinem Glas und vor seinen Akten. Es ist für einen Moment Ruhe eingekehrt. Ich vertiefe mich in meine Unterlagen zum Buch über meine Familie, die ich für die Recherchen in Genf benötige.
Es war ein langer und beschwerlicher Weg, bis ich nur schon mit meiner Arbeit beginnen konnte.
«Endlich!», sagt Marcel so laut, dass einige Passagiere im Speisewagen ihre Köpfe drehen. Bis jetzt hatte er sich still, intensiv und konzentriert mit seinen mitgebrachten Akten auseinandergesetzt.
«Was ist los, was hast du?», frage ich aus meinen Gedanken gerissen.
Marcel schaut mich mit ernster Miene an:
«Endlich habe ich das letzte Beweisstück gefunden. Jetzt werden es all jene, die das Verhalten der Schweiz im Zweiten Weltkrieg immer verteidigten und auch den Bergier-Bericht

Marguerite (2. v.l.) um 1929
mit Mutter Sophie und einigen Geschwistern

als unwahr bezeichneten, bald schwarz auf weiss haben, dass eben doch von der Schweiz aus mit den Deutschen zusammengearbeitet wurde. Noch intensiver als man bisher angenommen hatte.»

«Entschuldige, ich versteh nur Bahnhof!», sage ich.

Marcel lacht:

«Natürlich kannst du nichts verstehen. Dies ist meine Geschichte. Aber im Gegensatz zu deiner ist meine keine Familiengeschichte. Sie hatte höchstens familiäre Konsequenzen, zumindest für einige der Beteiligten. Es handelt sich dabei um einen Auftrag für eine der Zeitungen, für die ich als freischaffender Journalist tätig bin.»

Ich stütze meine verschränkten Arme auf den Tisch und beuge meinen Oberkörper nach vorne - dies ist meine Art, mich auf mein Gegenüber voll und ganz zu konzentrieren.

«Es handelt sich bei diesem Fall um wichtige Institutionen und politischen Zündstoff. Genauer gesagt, um eines der kriegswirtschaftlichen Syndikate. Ihnen wurden damals Aufgaben übertragen, die mit der Ein- und Ausfuhr, der Lagerung, dem Transport, der Produktion und der bestimmungsgemässen Verteilung und Verwendung der vom EVD bestimmten Waren zu tun hatten. Die Aufsicht über die Syndikate wurde vom zuständigen Kriegswirtschaftsamt ausgeübt.

Es handelt sich um eine unsaubere Geschichte mehr, im Zusammenhang mit der Schweiz und dem Zweiten Weltkrieg.»

«Irgendwie kommt mir das bekannt vor, ich hab mal von einem Holzsyndikat gelesen oder gehört, aber das ist schon lange her und ich kann mich im Moment an den Zusammenhang nicht mehr erinnern», sage ich und möchte mehr darüber erfahren.

Doch Marcel meint:

«Erzähl du lieber von dir und deiner Mutter!»

Etwas verlegen, mich räuspernd, beginne ich meine Geschichte.

«Du musst dir eine einflussreiche Basler Familie vorstellen»

«Echte Baslerbebbis?»

«Schon», sage ich, «aber die äusserst wohlhabenden Ahnen kamen aus Thengen, lebten dann in Schaffhausen. Erstmals

Sophie und Jean Cron. Die Eltern von Marguerite ums Jahr 1950. Jean ist schon von seiner Krankheit gezeichnet

In Rodersdorf 1926
Marguerite (l.) mit Grossvater vaterseits und Cousine Marianne Arnet

werden sie urkundlich 1291 erwähnt. Im 15. Jahrhundert zogen einige von ihnen nach Basel und siedelten sich in den benachbarten Dörfern Therwil und Ettingen an.
Es ist urkundlich festgehalten, dass einige Familienmitglieder auch in den Diensten der Bischöfe standen. Später wanderten einzelne ins Elsass aus.»
«Eine einflussreiche Familie also», stellt Marcel schmunzelnd fest.
«Nun, der Vater meiner Mutter wurde am 3. Dezember 1884 im Elsass geboren. 1892 übersiedelte dann die Familie nach Basel, wo er die Realschule besuchte. Als 16-Jähriger trat er bei der damaligen Firma Preiswerk & Cie. in die Zimmermann-Lehre.
Grossvater war ein äusserst konservativer Katholik und galt sowohl in der Firma als auch im Kirchenrat, dem er angehörte, als eine Art moralische Instanz.
Er war verheiratet mit einer hübschen und intelligenten Frau, die sich dezent im Hintergrund hielt und immer im richtigen Moment das Passende sagte - zumindest wird sie so von ihren Kindern und den Verwandten geschildert. Ich mag mich noch vage an sie erinnern, als sie im Spitalbett lag. Es muss ganz kurz vor ihrem Tod gewesen sein, im Jahre 1948. Ich war gerade mal drei Jahre alt.»
«Und du erinnerst dich noch an diese Begebenheit? Bemerkenswert!», meint Marcel lächelnd.
«Ich weiss nicht genau, stelle ich mir dies anhand der Erzählungen vor oder mag ich mich wirklich noch an eine oder zwei Szenen effektiv erinnern. Jedenfalls sei ich bei den Besuchen im Spital immer auf ihrem Bett herumgeturnt. Sie aber habe verständnisvoll gelächelt und wenn man mich herunterheben wollte, hätte sie energisch gebeten, mich auf dem Bett zu lassen.
Meine Grossmutter war eine sanfte und zärtliche Frau. Das ideale Pendant zu meinem Grossvater, einem ausgeprägten Patriarchen, an dem sich die ganze Familie orientieren musste.»
«Das scheint ja eine geradezu klassische Geschichte aus dem ‹Basler Daig› zu sein», meint Marcel grinsend, «sie erinnert

mich an das Buch der Diane d'Henri ‹Die Frau des Geliebten der Mutter› und nicht zuletzt an Urs Widmers Roman ‹Der Geliebte der Mutter›, das eine Liebesgeschichte des grossen Basler Mäzens Paul Sacher widerspiegeln soll, so wird zumindest behauptet.
Diese Geschichte ist natürlich für einen Journalisten ein gefundenes Fressen!»
«Ja, da sind Parallelen zu finden», stimme ich zu. «Meine Mutter hat tatsächlich zwei Mal in ihrem Leben versucht, ihre Geschichte niederzuschreiben. Leider blieb es nur bei drei, vier Seiten. Aber darin beschrieb sie ihre Eltern so:

Papa war ein imposanter, sehr viel Persönlichkeit ausstrahlender und energischer Mann. Wir alle, inklusive Mama, hatten grossen Respekt vor ihm, gemischt mit Angst und Verehrung. Seine Haltung zeugte von Stolz.
Gross, breitschultrig, graumeliertes Haar, buschige Augenbrauen, darunter Augen, die, war er fröhlich, ganz dunkelblau wurden. Eine kräftige Nase mit grossen Flügeln und ein Mund mit zwei Reihen strahlend weisser

1. Kommunion von Marguerite
am Weissen Sonntag
1930 in Basel

Geburtsurkunde von Marguerite Maria Cron. Geboren am 9. Juni 1920 in Basel, um 11.35 Uhr

Zähne, das war mein Vater. Für mich war er der Schönste weit und breit! Und Mutter, die blonde, Blau-grün-Äugige: Alles war fein und zart an ihr - ihre mittelgrosse, schlanke Figur, die Nase, der Mund, die Hände. Sie strahlte Güte und Liebe und eine grosse Portion Humor aus. Sie war für uns der Angelpunkt, um den sich alles drehte. War sie da, irgendwo in dem grossen Haus, so fühlten wir uns sicher und geborgen.

Das Haus, an das ich mich noch sehr gut erinnere, war eine grosse Villa. Vor allem der Salon war riesig und elegant. An den Wänden hingen ausgesuchte Kunstwerke. Die Räume strahlten eine kühle Behaglichkeit und Eleganz aus und manifestierten Wohlhabenheit und eine kreative Bürgerlichkeit.
Die umfangreiche Bibliothek, mit teils wertvollen Büchern grosser Philosophen wie etwa Kant, aber auch Werken zeitgenössischer Literaten, nicht zu vergessen vielen religiösen und politischen Schriften, beeindruckte sehr und zeigte deutlich, dass hier humanistisch gebildete Menschen wohnten.»
Ich trinke einen Schluck Rotwein, dann stelle ich mein Glas langsam ab, während ich aus dem Fenster schaue. Der Zug fährt gerade durch einen kleinen Bahnhof.
«Als Marguerite am 9. Juni 1920, um 11.35 Uhr geboren und von der Hebamme Schwester Margarethe Weidenmann entbunden wurde, waren bereits schon fünf Geschwister da: Anneli, am 26. Juni 1910 geboren, Peter am 6. Januar 1912, Franz am 19. November 1913, Ruedi am 11. August 1915 und Paul kam am 10. September 1917 zur Welt. Später folgten noch Louis, am 10. August 1922, Theres am 13. April 1925, Bernhard - ‹Bäni› - am 20. August 1927, Agnes am 24. Oktober 1929 und schliesslich Rita, am 26. Mai 1932.
Bernhard allerdings starb am 21. Mai 1934 als Siebenjähriger. Er stürzte vom Dach, als er beim Spielen aus dem Dachfenster kletterte und dabei ausrutschte. Es war grauenhaft.
Meine Grossmutter stand in der Küche am Kochherd und schaute gerade aus dem Fenster, als sie Bäni runterfallen sah und der Bub vor ihren Augen Kopf voran auf dem Kiesboden aufschlug.»
Marcel schaut mich entsetzt an.

«Grossmutter rannte raus zu ihrem Jungen, der auf dem Bauch lag und sich nicht bewegte.
Mama erzählte mir, auch nach vielen Jahren immer noch tief gerührt und mit tränennassen Augen, dass sich ihre Mutter hinkniete, den Bäni umdrehte und seinen Kopf auf ihren Schoss legte. Die unzähligen Steinchen des Kiesbodens, auf den er mit dem Gesicht aufgeschlagen war und die sich in seine zarte Haut gegraben hatten, löste sie sorgfältig heraus: Steinchen für Steinchen.
Es muss schrecklich gewesen sein: Die Familie war schockiert. Der Tod des kleinen Bäni, in den man so viel Hoffnungen gesetzt hatte, denn er war ein besonders begabter Erstklässler gewesen, waren zerstört. Seine Geschwister klammerten sich in diesen schweren Stunden vor allem an ihre Mutter. Die ganze Familie hatte jahrelang an dieser Last zu tragen.
Grossvater, ebenfalls sehr mitgenommen, proklamierte aber, seiner Wesensart entsprechend - und in der Situation letztlich positiv zu werten -, die Durchhalteparole. So hatten Trauer und Das-Leben-geht-weiter ihren Platz.
Und auch eine Nachbarin, die den Kleinen herunterfallen sah, war noch lange traumatisiert; wenn sie eines der Kinder

Bernhards Tod
Marguerites Bruder «Bäni» starb am 21. Mai 1934 als Siebenjähriger durch den Sturz vom Dach. Traditionsgemäss wurde der Kleine zu Hause drei Tage lang aufgebahrt

Um das Jahr 1935
(Marguerite 3. v.r.)

über die Fensterbrüstung lehnen sah, rief sie Grossmutter an. Heute verstehe ich eine Episode, die mein um ein Jahr jüngerer Bruder Remy und ich Jahrzehnte später in Basel erleben mussten und die mir damals in ihrem Ausmass unverständlich erschien. Diese Geschichte holte uns wieder ein: Mama, also Marguerite, musste bei ihrem Bruder Louis im Geschäft Geld holen, sprich Aktien auslösen. Sie nahm uns beide mit ins Elternhaus und übergab uns Tante Agnes, ihrer zweitjüngsten Schwester. Diese sollte auf meinen Bruder und mich aufpassen, was sie auch auf ihre Art und Weise tat. Sie sperrte uns nach dem Essen, weil Remy partout seinen Mittagsschlaf nicht abhalten wollte, in ein Zimmer im dritten Stock ein. Sie selbst ging arbeiten und überliess uns dem Schicksal, dem wir uns allerdings nur kurze Zeit protestlos hingaben. Nach einer Stunde öffneten wir die Fenster und schmissen johlend und lachend zuerst Hemden, Socken, Unterwäsche und anderes, was sich im Kleiderkasten Onkel Pauls fand, später auch noch einige seiner Akten auf den gegenüber stehenden riesigen, das hohe Haus überragenden Baum.
Sofort erschienen auf der Strasse und im Garten einige hysterische Nachbarinnen und schrien:
‹Geht vom Fenster weg!›
Schliesslich fuhr ein Taxi vor, Tante Agnes stieg in ihrer weissen Laborantinnenschürze aus dem Wagen. Dann kam sie hoch, öffnete die Zimmertür und versohlte uns den Hintern mit einem Teppichklopfer. Eine der Nachbarinnen, die damals den Sturz von Bäni beobachtet hatte, glaubte, jetzt würde sich wieder eine ähnlich tragische Geschichte ereignen.»

Das Bajonett

In der Zwischenzeit sind die Weingläser leer geworden. Marcel bestellt Kaffee für uns beide. Der Kellner bringt die Tassen. Wir reden eine Weile nicht. Es ist, als ob ein Kapitel beendet worden sei.
Obwohl wir die Unterlagen auf dem Tischchen liegen haben, denkt jetzt keiner mehr ans Arbeiten.
«Wie ging es weiter mit deiner Familie?», will Marcel wissen.
«Ich möchte die Kinderjahre meiner Mutter überspringen und dort weiter erzählen, wo sich eine markante Wende in Marguerites Leben einleitete. Du musst wissen, meine Mutter hatte schon als Kind einen ausgeprägten Gerechtigkeitssinn. Sie strahlte auch eine natürliche Autorität aus und besass eine äusserst gewinnende Art; sie konnte Menschen in ihren Bann ziehen.
Marguerite machte an der Haushaltungsschule École Ménagère in Orsonnes, Kanton Fribourg, am 12. Juli 1940 ihr Diplom, besuchte dann in Basel verschiedene Kurse und wurde später unter anderem Sekretärin im Geschäft ihres Vaters. Ihre beiden jüngsten Geschwister waren noch klein: Rita besuchte eben die erste, Agnes die dritte Klasse.
Marguerite lernte einen jungen Studenten kennen. Wo, weiss ich nicht. Der lud sie zum Studentenball ein. Alfred Trottmann gehörte einer Studentenverbindung an und trug den für ihn zutreffenden Vulgo, also Studentennamen ‹Tank›, da er schon damals knapp über einhundert Kilo auf die Waage brachte. Tank war ein intelligenter junger Mann, aber extrem schüchtern; einer, der sich lieber im stillen Kämmerlein mit Büchern beschäftigte, als sich an Saufgelagen zu beteiligen. Ebenso hatte er Mühe, Kontakt zu Mädchen zu finden.
Marguerite war ihm auf Anhieb sympathisch, auch ihr gefiel der sensible junge Mann gut. Und seine Statur gefiel ihr ebenfalls: Er hatte was Standhaftes an sich, man konnte sich an ihn anlehnen, ihm vertrauen. Und zudem war er sehr intelligent, eine ebenso wichtige Voraussetzung für das wohlerzogene Mädchen aus gutem Hause, das übrigens sein

1940 Marguerite mit Kolleginnen während ihrer Zeit an der Haushaltungsschule «École Ménagère» in Orsonnes auf einer Velotour.
Hier an der Avenue de la Gare in Delémont

ganzes Leben lang davon träumte, entweder Archäologin oder Architektin zu werden.

Tank fragte Marguerite eines Tages, ob sie mit ihm zum Studentenball ginge. Mutter Sophie setzte sich für Marguerite ein. Dafür musste Sophie, wie immer in solchen Situationen, sämtliche Register der Überredungskunst ziehen, bis sie damit beim patriarchalischen Ehemann durchkam.

Voraussetzung war freilich, dass Marguerite so rasch als möglich Tank zu Hause vorstellte. Natürlich freute sich Marguerite riesig auf den Ball. Der Abend blieb ihr unvergessen. Sie hat noch Jahre danach begeistert davon erzählt. Etwa, wie gut Tank tanzen konnte oder wie schön ihr Kleid war, dessen Stoff sie sich extra für diesen Anlass kaufen und selbst zuschneiden durfte.

Tage später musste Tank in die Rekrutenschule, eine damals ganz wichtige Sache, ein Muss und eine Ehre für jeden

Marguerite 1941 in Basel
So sah sie aus, als sie «Tank» kennenlernte. Hut war damals bei den jungen Frauen in Mode

Schweizer, schliesslich herrschte rings um unser Land Krieg. Als Tank sein nächstes freies Wochenende hatte, war es an der Zeit, dass er sich bei der Familie vorstellte. Marguerite und Tank waren äusserst nervös, vor allem dem gestrengen Vater hatte der Junge zu gefallen.
Tank wurde ins Wohnzimmer geführt und erst mal von der Mutter herzlich begrüsst. Man setzte sich und redete über dies und das. Dann trat der Herr Papa in den Raum. Als der übergewichtige Tank aufstehen wollte, verhängte sich sein Bajonett in der Stuhllehne und der Junge hob den ganzen Stuhl mit hoch. Aber er konnte ihn nur eine, zwei Sekunden halten, dann zog ihn der Stuhl zurück und Tank plumpste regelrecht in ihn hinein. Marguerites Vater zog seine Augenbrauen hoch und schaute mit strengem Blick auf den tollpatschigen jungen Mann, während der sich mit hochrotem Gesicht hilfesuchend nach Marguerite und ihrer Mutter umschaute.
Auch meine Grossmutter Sophie hielt sich nicht zurück, lachte lauthals und rettete damit die hochnotpeinliche Situation. Da schmunzelte sogar der Vater. Die Vorstellung war gerettet.
Natürlich wurde Tank gemustert und ausgefragt über seine Familie, sein Studium, seine Zukunftspläne, seine Zeit im Dienste des Vaterlandes. Und natürlich lobte der Vater Tanks Engagement fürs Vaterland, das auf jeden Mann angewiesen sei. Und es sei sowieso gut, dass intelligente angehende Akademiker wie eben er die Nation in den Frieden führen würden.
Alles verlief gut. Marguerite wusste nun, dass man Tank als ihren Freund akzeptierte, wenngleich man darauf hinwies, dass sie beide ja noch so jung wären und noch alles vor sich hätten.»
«Ist das nun die grosse Liebe geworden?», fragt Marcel mit ironischem Unterton.
«Nein», schmunzle ich, «die grosse Liebe war's nicht. Diese Verbindung jedoch wurde zu einer der tiefsten Freundschaften in ihrem Leben. Für sie war es ihre erste Beziehung, ihr erster Kuss. Nichts Sexuelles. Es war für Marguerite die

Marguerite mit Freundinnen
2. März 1941 in Ste.-Marie, Orsonnes in den Exerzitien.
(v. l.) Margrith Merkt, Marguerite Cron und Antoinette Stalder

einschneidende Erfahrung, dass Freundschaft eine Liebe überdauern kann. Die grosse Liebe kam erst einige Jahre später, genau gesagt 1944, als Marguerite schon 24 Jahre alt war - und noch unschuldig.

Nach der ‹Affäre› mit Tank machten sich bei Marguerite Schuldgefühle gegenüber ihren Eltern breit, die mit dem innigen Wunsch des Vaters zu tun hatten: Einer der Söhne sollte Priester, zumindest Pater, eine der Töchter sollte Schwester werden. Schliesslich fühlte man sich der Kirche sehr stark verbunden.

Marguerites Bruder Paul hatte zwar in Luzern mit dem Studium der Theologie begonnen, war aber in seiner Märtyrer-Rolle nicht gerade glücklich. Also meinte Marguerite, sie müsse für ihren Bruder einspringen und meldete sich in einem Kloster an.

Die Eltern waren stolz und unterstützten diesen Wunsch. Sie schaute sich das Kloster an, liess sich über die Schwesternschaft informieren und besuchte die Feierlichkeiten des Übergangs der Novizinnen ins Gelübde. Unter anderem wurden den Novizinnen zum Zeichen der Entsagung vom Weltlichen die Haare ganz kurz geschnitten. Diese Zeremonie, der Marguerite beiwohnte, schockierte sie zutiefst.

Ihr Wunsch, ins Klosterleben einzutreten, war damit vom Tisch.»

Holz

Marcel kann sich ein Grinsen nicht verwehren ... Dann meint er mit ernster Miene:
«Meine Geschichte beginnt im Jahre 1939, also um jene Zeit, als deine Mutter Tank kennenlernte. Sie spielte sich während des Zweiten Weltkriegs ab, wo die Schweiz bzw. einige Schweizer Politiker sich bezüglich Hitlerdeutschlands bekannterweise nicht immer korrekt verhielten. Um es mal fein auszudrücken. Das Untersuchungsergebnis von Prof. Jean-François Bergier und seinen Kolleg(innen), besser bekannt als ‹Bergier Bericht›, bestätigte dies ja auch.»
«Ich habe daraus einige Passagen gelesen und bin überrascht, was alles machbar war unter dem Deckmantel des ‹Wir müssen überleben und uns deshalb anpassen›», sage ich.
«Vor allem als ich mich zum ersten Mal mit der Geschichte des Schweizerischen Holzsyndikats und dessen Beteiligten auseinandersetzte, stieg Wut in mir hoch. Und es blieb bei dieser Wut bis heute.
Nach dem Krieg wurde gegen die Beteiligten des Schweizerischen Holzsyndikats (SHS) eine Untersuchung eingeleitet.
Die Revision der eingesetzten Finanzkontrolle erstreckte sich auf zwei Barackengeschäfte mit Frankreich aus dem Jahre 1940, auf sechs Geschäfte mit Deutschland aus den Jahren 1941 bis 1943 und auf drei Geschäfte mit schweizerischen Institutionen. Später wurden dann noch weitere umfangreiche Baracken geliefert, so nach Frankreich und in die USA.
Am 12. Dezember 1939 gründete Dr. Cagianut, Präsident des Schweizerischen Baumeister-Verbandes und Chef der Sektion für Baustoffe, mit dem Baumeisterverband, dem Berufsholzhändler-Verband, dem Holzindustrie-Verband, dem Zimmermeister-Verband, dem Verband der Hobel- und Spaltwerke, der Schreinermeister und jenem der Möbelfabrikanten das SHS.
Cagianut verstarb im Dezember 1941, sein Nachfolger wurde Jules Paillard. Der Sitz des Syndikates befand sich in

Polenfeldzug
Soldaten der deutsche Wehrmacht reissen am 1. September 1939 die polnischen Schlagbäume nieder. «Seit 5.45 Uhr wird nunmehr zurück geschossen!» – Mit diesen historischen Worten, die Hitler vor dem Reichstag sprach, begann die grösste militärische Auseinandersetzung der Weltgeschichte. Ein fingierter Überfall auf das Gebäude des Senders Gleiwitz hatte Hitler den Anlass geliefert, den Polenfeldzug und damit den Zweiten Weltkrieg zu entfesseln

Bern, die Geschäftsleitung als Bürogemeinschaft mit dem Schweizerischen Baumeisterverband in Zürich.
Hauptaufgabe dieser Genossenschaft war es, den Holzexport zu regeln, vor allem jenen von Holzbauten. Das SHS hat während der ganzen Kriegsdauer in grossem Umfang Holzkonstruktionen durch das schweizerische Holzgewerbe herstellen lassen und zum grössten Teil ins Ausland exportiert. Man muss aber dabei sehen: Nach Kriegsausbruch zeigten Frankreich und England Interesse für unsere Holzvorräte und Agenten in- und ausländischer Herkunft versuchten, Aufträge zu platzieren, wodurch der Holzmarkt bald unruhig und undurchsichtig wurde.
Ganz schlimm aber ist, dass unter der Guide des SHS Baracken auch ins Nazideutschland verkauft wurden.»
«Was sagst du da? Man hat Baracken nach Deutschland verkauft, womöglich solche, in denen nachher Juden und andere dahinsiechten? Das wusste ich nicht! Schon schlimm genug, dass überhaupt während dieser Zeit Geschäfte mit den Nazis gemacht wurden!»
«Ja. So ist es! Und das mit dem Wissen des Bundesrates. Ja sogar mit dessen Unterstützung! Und natürlich sagen heute alle, man müsse die damaligen Umstände mit berücksichtigen. Und deshalb könne man davon ausgehen, dass unser Land vermutlich nicht so dastehen würde, wenn man sich anders verhalten hätte ...»
«Möchten Sie noch was trinken?», fragt der Kellner mitten in die gespannte Atmosphäre.
«Nein», antworte ich barsch.
Der Kellner schaut mich verdutzt an.
«Entschuldigen Sie.»
«Schon gut. Einen Kaffee?»
«Ja, bitte zwei. Danke.»
Ich wende mich Marcel zu:
«Wer entscheidet so was? Was für Leute machen bei einer solchen abscheulichen Geschäften mit?»
«Das waren gegen aussen alles unauffällige Geschäftsleute, Anwälte und Politiker. Aber allesamt macht- und geldgierig.

Ich kann dir schon sagen, wer in wichtiger Funktion beim SHS dabei war. Allerdings änderte sich dies dann später, als beispielsweise noch Agenten dazu kamen.
Da war mal der Präsident, Jules Paillard von St. Croix, Walter Gustav Moser von Zäziwil, Fürsprecher und Notar an der Habsburgerstrasse 5 in Bern. Dann Heinrich Bachmann von Altikon, wohnhaft in Aadorf im Thurgau, und ein äusserst undurchsichtiger Mann, Dr. h.c. Gustav Bohny von Basel, wohnhaft am Bannwartweg 39 in Basel, Präsident des Verwaltungsrates des Zimmereigeschäftes Nielsen-Bohny & Co. AG.
Dabei waren auch Joseph Demierre von Montet, wohnhaft in Lausanne, und Horace Vernet aus Frankreich, ebenfalls ansässig in Lausanne, und Henry Guisan aus Avenche VD, wohnhaft in St. Sulpice sur Lausanne. Alle haben dank des SHS äusserst viel Geld verdient.»
Ich unterbreche Marcel:
«Sagtest du eben Henry Guisan?»
«Ja.»
«Ist dieser Guisan womöglich verwandt mit dem berühmten, als Saubermann geltenden grossen General Guisan?»
«Ja. Es handelt sich dabei um seinen Sohn: Geboren 1899, gestorben 1990! Er gründete mit Bekannten im August 1941 die Firma Extroc S.A in Lausanne, um u. a. so, wie später erwähnt wurde, dem Spezialdienst im Nachrichtendienst ‹neue interessante Verbindungen zuzuhalten›! Selbstverständlich gut bezahlt!»
«Das darf doch nicht wahr sein! Der Sohn des Generals macht ausgerechnet Geschäfte mit den Nazis, während sein Vater den Soldaten befiehlt, die Schweiz zu verteidigen.»
Marcel nickt.
«Vergessen aufzuzählen habe ich noch einen gewissen Weidenmann, ohne nähere Angaben, und einen Jean Cron von Basel, Baumeister und Architekt, wohnhaft an der Colmarstrasse 40 in Basel.»
Ich meine, mich verhört zu haben.
«Wiederhol noch mal den zweiten Namen.»
Marcel ist verdutzt:

Rütlirapport vom 25. Juli 1940
Den angetretenen Offizieren auf dem Rütli erklärte General Henri Guisan u. a.: «Was vor einigen Wochen noch unvorstellbar war, liegt heute im Bereich der Möglichkeit: Wir können von allen Seiten zugleich angegriffen werden». Während er das neue Verteidigungskonzept erörterte und den Soldaten Mut und Durchhaltewillen predigte, machte die Firma seines Sohnes indirekt Geschäfte mit den Nazis

«Weidenmann und ein Jean Cron. Auch er gehörte zum sozusagen ‹inneren Kern› des Schweizerischen Holzsyndikats.»
Mir wird übel. Ich spüre, wie sich in mir alles zusammenzieht!
«Weisst du, von wem du da sprichst?»
«Nein», meint Marcel verwundert. «Sag, was ist los?»
Ich versuche, mich zu fassen, gebe mir einen Ruck:
«Dieser Jean Cron ist der Mann, von dem ich die ganze Zeit rede. Er ist der Patriarch. Er war mein Grossvater!»
Marcel ist sichtlich irritiert:
«Dein Grossvater?»

Jean Cron
Das Porträt meines Grossvaters in Öl. Vermutlich aus der Zeit seiner Tätigkeit für das SHS

Jetzt erst fällt mir auf, dass ich beim Erzählen über die Familie nie den Nachnamen Cron erwähnt habe.
Marcel macht eine kleine Pause und meint dann mit einer gehörigen Portion Ironie:
«Da sind wir ja sozusagen an der gleichen Geschichte! Diese Situation ist grotesk:
Auf die Cron-Story! Prost!»
Wir trinken einen kräftigen Schluck Kaffee.
«Welche Funktion hatte mein Grossvater beim Schweizerischen Holzsyndikat?»
Marcel blättert in seinen Unterlagen:
«Er war Vertrauensarchitekt und technischer Direktor des SHS. Dein Grossvater hatte die Bauleitung der Herstellungsarbeiten von Baracken und anderen Holzkonstruktionen, die für den Export nach Frankreich und nach Deutschland bestimmt waren. Desgleichen für Holzkonstruktionen, mit welchen das SHS in der Schweiz das Militär, die Zentralleitung für Arbeitslager, das Kommissariat für Internierung und Hospitalisierung und die Direktion der eidgenössischen Bauten etc. belieferte.
Den Strafuntersuchungsakten ist zu entnehmen: Cron behauptet, seit 1940 seine volle Arbeitskraft und diejenige seiner beiden Söhne und seines zwölfköpfigen Personals ausschliesslich dem SHS zur Verfügung gestellt und sein eigenes Geschäft stillgelegt zu haben.
In den Verfahrensunterlagen ist allerdings festgehalten, dass diese Angaben so nicht stimmten. Hier, schau, in den Akten steht:

Wie die Revision des Betriebes des Beschuldigten durch die eidgenössische Preiskontrollstelle ergeben hat, ist allerdings festzustellen, dass der Umsatz des Baugeschäftes des Beschuldigten, welches er schon vor dem Krieg betrieb, erheblich zurückgegangen ist. Immerhin betrug dieser in den Jahren 1939/45 noch ca. Fr. 1'665'000.--.

Deinem Grossvater wurde in der Strafuntersuchung zur Last gelegt, dass er sich im Zusammenhang mit

Anbauschlacht
15. November 1940: Neubestellung von Äckern im Rahmen der von Friedrich Traugott Wahlen initiierten und vom Bundesrat in die Tat umgesetzten Anbauschlacht. 40 – 50'000 Frauen haben sich daran und im Landdienst beteiligt. Dies ist aber nie so richtig in das Kollektivgedächtnis eingegangen

Heinrich Himmler
Hauptverantwortlicher der «Endlösung der Judenfrage» besucht das Konzentrationslager Buchenwald

verschiedenen undurchsichtigen Entschädigungen einen unter Berücksichtigung der branchenüblichen Selbstkosten und der allgemeinen Wirtschaftslage unvereinbaren Gewinn verschafft hätte.»
Ich unterbreche mein Gegenüber:
«Ich kann mich erinnern, dass meine Mutter immer mit Stolz von den Cron-Holzbaracken erzählt hat, die in der ganzen Schweiz und im Ausland einen guten Namen hatten.»
«Das stimmt. Das ist sogar aktenkundig», bestätigt Marcel.
«Verschiedene Baracken-Konstruktionsteile liess dein Grossvater patentieren; wobei er allerdings später behauptete, Lizenzgebühren seien ihm nie vergütet worden, was nicht stimmt!
Aber kommen wir zum Anfang der Geschäfte: Unmittelbar nach der Gründung des SHS versuchte man, mit Frankreich ins Geschäft zu kommen, der Anlauf aber scheiterte an der Preisfrage. Und die Durchführung eines Geschäfts mit England missriet an dem Westfeldzug 1940.
Albert Lienhard aus Bern tat sich mit dem Agenten und Kaufmann Rudolf Notz aus Lausanne zusammen. Dieser war mit den beiden Franzosen Demierre und Vernet bekannt, die früher in Paris gewohnt hatten und sich bei Kriegsausbruch in Lausanne etablierten und dort eine Kollektivfirma gründeten.
Sie hatten gute Beziehungen zum französischen Staat. Dr. Cagianut sicherte den beiden für die Vermittlung von Barackengeschäften fünf Prozent Provision zu. Zwei Aufträge wurden durchgeführt: 1940 bis 1941, Vertragssumme 3'750'000.-- Franken.
Damals war das unheimlich viel Geld!
Die ausgehandelten fünf Prozent, die sich Lienhard, Notz, Demierre und Vernet teilten, beliefen sich auf 187'500.-- Franken, wobei davon noch rund 45'000.-- Franken für Spesen und ‹ristourne spécial pour intervention en France› abgingen.
Der Reingewinn für das SHS belief sich auf 94'974.-- Franken. Das Architektenhonorar von einenviertel Prozent

für Jean Cron betrug 46'875.-- Franken. Auch kein geringer Betrag! Beim zweiten Frankreichgeschäft, der Lieferung von 100 Pavillons, 70 Baracken und 15 Hangars und einer Vertragssumme von 2'846'550.-- Franken, verdienten Demierre und Vernet 137'455.55 Franken und Jean Cron als Architektenhonorar 85'260.-- Franken.»
«Was war mit den Geschäften in Deutschland? Wie und wann begannen die?», frage ich ungeduldig, schliesslich möchte ich wissen, inwieweit mein Grossvater in diese Machenschaften involviert war.
Marcel nimmt einen neuen Stapel Unterlagen aus seiner am Boden stehenden Mappe:
«Da muss ich ausholen.
Als 1940 die Beschäftigung im schweizerischen Holzgewerbe sehr stark zurückging, bat der Inhaber der Firma Schmidt AG, Holzimporte Zürich, seinen Geschäftsfreund Heinz Schweyer in Mannheim, an dessen Firma Schmidt ebenfalls beteiligt war, er solle mal sondieren, ob Barackenlieferungen nach Deutschland möglich seien. Gleichzeitig kontaktierte Schmidt Dr. Cagianut, der ihm eine Beibringungskommission von ein bis zwei Prozent beim Zustandekommen eines Geschäfts garantierte.
1941 befand sich Dr. Bohny, zusammen mit seinem Anwalt Dr. Schiess und Schweyer, wie schon ein Jahr zuvor, einige Tage in Berlin, wobei es am 14. Januar 1941 zum Abschluss eines Rahmenvertrages zwischen dem Deutschen Reich, Reichsfiskus Heer, vertreten durch das Oberkommando des Heeres, Heeresverwaltungsamt (OKH) und dem Schweizerischen Holzsyndikat kam. Aufträge erfolgten durch die ‹Waren-Vertriebsgesellschaft Berlin für Wehrmacht und Waffen SS›, wobei auch der SD-Mitarbeiter Hans Wilhelm Eggen und der Schweizer Nachrichtenoffizier Dr. Paul Meyer (alias Wolf Schwertenbach) involviert waren.
Der Hauptvertrag enthält die Bestellung von 820 Stück Mannschaftsbaracken nach deutschen Normen und Ausführungsbestimmungen zum Preis von 13'365.-- Franken pro Baracke, lieferbar innert 11 bis 16 Wochen

Elsie Attenhofer
Am 16. Juni 1999 verstarb sie im Alter von 90 Jahren. Sie war die Versinnbildlichung des Cabaret Cornichon, das «Humor als Mittel des kritischen Patriotismus» einsetzte. Das Cabaret Cornichon wurde 1934 in Zürich gegründet. Es machten u. a. mit: Alois Carigiet, Zarli Carigiet, H. Eidenbenz, Voli Geiler, Tibor Kasics, Albert Knobel, Arnold Kübler, Valeska Lindtberg, Walter Morath, Margrit Rainer, Alfred Rasser, Ruedi Walter, und Michael Wolgensinger

nach Genehmigung des Vertrages. Gemäss den getroffenen Abmachungen wurden die 820 Baracken hergestellt und, nach Schwierigkeiten mit der Lieferung von Eisen seitens Deutschlands, geliefert.

Am 25. September 1941 wurde die Lieferung von Geräteausstattungen für die genannten Baracken festgehalten - durchgeführt wurde der Vertrag erst im ersten Halbjahr 1942. Und im Oktober 1941 wurde ein zusätzlicher Vertrag für weitere 420 Mannschaftsbaracken realisiert. Dieser kam 1942 zur Durchführung.

Diese drei Geschäfte brachten dem SHS einen Reingewinn von 630'000.-- Franken. Schmidt und Schweyer erhielten 324'135.40 Franken. Und schliesslich erhielt Dr. Bohny als Honorar, Entschädigung, besondere Auslagen und Spesen 484'440.15 Franken. Festzuhalten ist, dass die Agenten und Vermittler an sich mehr Geld verdienten als dein Grossvater, dies schmälert aber die moralisch-ethische Mitschuld nicht.

«Deutsches Heim» in Basel
Muttertag am 21. Mai 1944 an der St. Alban-Vorstadt 12.
Das Haus
war während der 1940er Jahre der Sitz ausländischer nationalsozialistischer Organisationen in Basel, im Volksmund «Braunes Haus» genannt. 1941 hatte zur Einweihung des Hauses die Auslandorganisation der NSDAP-Ländergruppe in der Schweiz eingeladen

Dein Grossvater ist bei den Akten mit der offiziellen Bezeichnung ‹SS Baracken› unter besondere Vergütungen aufgeführt mit:

Deutschland III:
Architektenhonorar Fr. 75'000.--
Deutschland IV:
Architektenhonorar Fr. 75'000.--
Deutschland VI:
Architektenhonorar Fr. 53'000.--

Dazu kamen noch andere Vergütungen. Du siehst, es war für alle Beteiligten ein sehr gutes Geschäft!»
«Da kann ich nichts mehr sagen», meine ich nachdenklich. Ich kann es einfach nicht glauben. Da wurden Kriege angezettelt, Menschen ermordet und einige skrupellose Männer machten Geschäfte mit diesen Mördern. Und immer fand sich ein Grund, diese Kooperationen zu rechtfertigen - auch heute noch.
«Man muss sich vorstellen», meint Marcel, «das geschah alles mitten im Krieg. Mitte Oktober 1942, also im selben Jahr, als man den Nazis offiziell 420 Mannschaftsbaracken verkaufte, wurden die Richtlinien für die Flüchtlingspolitik verschärft: Bundesrat Eduard von Steiger prägte das Wort vom ‹vollen Boot›. Die Schweiz sei, sagte er 1942 ‹wie ein Rettungsboot auf stürmischer See, das keine neuen Schiffbrüchigen mehr aufnehmen könne›. Doch diese Behauptung war falsch.
Von Steiger hat auch alles versucht die bereits existierende Pressefreiheit noch weiter einzuschränken, beispielsweise den Bund, die NZZ aber oder vor allem auch das Cabaret Cornichon. Auf der anderen Seite hat er, wenn es darum ging, Anhänger von Mussolini aufzunehmen oder bei internationalen Deals mit dem Freikauf wohlhabender Flüchtlinge, bei denen erhebliche Geldbeträge geflossen sind, Hand geboten. Dieser Bundesrat wurde nie vor ein Gericht gestellt.
In Abwesenheit von Bundesrat von Steiger verfügte dann der damalige Chef der Polizeiabteilung im EJPD, Heinrich

Eduard von Steiger
Geboren am 2. Juli 1881. In den Bundesrat gewählt als Vertreter des Kantons Bern am 10. Dezember 1940. Er gehörte der Schweizerischen Volkspartei (SVP) an. Während seiner Amtszeit stand er dem Justiz- und Polizeidepartement vor. Von Steiger trat am 9. November 1951 zurück. Er verstarb am 10. Februar 1962

Rothmund, die totale Grenzsperre für Flüchtlinge. Dieser Erlass traf auf heftige Kritik in der Öffentlichkeit und wurde am 24. August 1942 auf Anweisung von Bundesrat Steiger gelockert ...»

Marguerite mit Velo.
Mai 1944 im Garten an der Colmarstrasse 40 in Basel. In jener Zeit, als Waldtraut für die Deutschen im Hause spionierte

Die Spionin

Der Zug fährt rasant. Draussen regnet es noch stärker als zuvor. Marcel will mehr wissen über die Familie meiner Mutter.
«Es muss gegen Ende des Krieges gewesen sein, da hatten die Crons Waldtraut, eine Haushälterin aus dem nahen Schwarzwald. Meine Mutter erzählte mir, dass diese junge Frau kläglich schielte und allmorgendlich die Finger ihrer beiden Hände aneinander stossend vor Sophie Cron stand und fragte:
‹Frau Cron, was kochemer heuit?›
An ihren freien Nachmittagen verschwand sie immer und war bis abends spät nicht mehr zu sehen.
Einem der Brüder meiner Mutter fiel zufälligerweise auf, dass Waldtraut immer rasch und zielstrebig um die Ecke des Hauses lief, bis zur nächsten Kreuzung, dort abbog und entschwand. Als der Junge ihr mal unbemerkt folgte, sah er, dass Waldtraut vor einem grossen schwarzen Auto stehen blieb und ihr die Tür von innen geöffnet wurde. Waldtraut schaute rasch um sich, als würde sie sich versichern, dass ihr niemand gefolgt sei.
Dann verschwand sie im Wagen, der sofort in rasantem Tempo davonfuhr. Diese Beobachtung machte der Bruder Mamas insgesamt zweimal.
Man verheimlichte die Geschichte vorerst Vater Jean, aber Mutter Sophie wurde eingeweiht. Sie hatte grundsätzlich Einwände beim Vorschlag, Waldtrauts Zimmer zu untersuchen. Doch nach der Argumentation aus den Reihen der Kinder, schliesslich könnte sie ja eine Spionin sein, stimmte sie der Erforschung doch zu.
Die anwesenden Buben schlichen auf den Boden, wo sich Waldtrauts schönes und grosses Zimmer befand. Sie öffneten die Tür mit dem Zweitschlüssel und sahen sich um.
Wonach sie suchten, war ihnen noch nicht klar; es mussten sich einfach Beweise für die Spionagetätigkeit der jungen Schwäbin finden lassen. Sie drehten jeden noch so unscheinbaren

Gegenstand um, doch sie fanden nichts. Als sie schon enttäuscht aufgeben wollten, hörten sie plötzlich Stimmen.
Sie vernahmen die Gespräche ihrer Geschwister und der Mutter, die sich im Parterre im Aufenthaltszimmer befanden.
Wie war es möglich, alles zu hören, was in den Zimmern gesprochen wurde? Die Jungs fanden es heraus: Der Kamin führte durch das ganze Haus. Eine Öffnung mit einem prächtig verzierten und seitlich verschiebbaren Messing-Türchen war in jedem Zimmer angebracht. Wenn es leicht offen stand, konnte man alle Gespräche aus den ‹Kamin-Zimmern› mithören.
Diese Erkenntnis brachte die jungen Leute auf die Idee, nach Notizen von wichtigen Gesprächen zu suchen, schliesslich war Vater Jean ein einflussreicher Mann, hatte viele Besucher und führte mit denen Gespräche, die nicht für jedermanns Ohren gedacht waren.»
«Und er war eben auch in die Politik integriert, durch seine Tätigkeit beim SHS», fällt mir Marcel ins Wort.
«Und schliesslich wusste man ja auch, dass die Deutsche Geheimpolizei in der Schweiz schon lange vor 1944 in geduldeter Weise aktiv war. Ich brauche nicht speziell an den Fall in Davos zu erinnern, wo der offizielle Gauleiter für die Schweiz, Wilhelm Gustloff, sein Unwesen trieb, bis er 1936 vom jüdischen Studenten David Frankfurter umgebracht wurde. Aus moralischen Gründen!»
«Richtig!», bestätige ich und fahre fort:
«Die Brüder meiner Mutter fanden im Zimmer der Deutschen tatsächlich Gesprächsnotsitzen. Vor allem von Besprechungen zwischen Jean Cron, Pfarrherren, Politikern, aber auch Geschäftsfreunden - ich nehme an auch von SHS-Leuten. Sie fanden ebenso Waldtrauts Kalendereintragungen von Treffs mit Freunden.
Die letzten drei Termine deckten sich mit jenen Beobachtungen, die der Bruder von Mama gemacht hatte; die sogenannten Freunde waren die Männer im Wagen. An jenem Abend wurde der Vater über alle Details aufgeklärt.

Vorerst beschwichtigte er seine Kinder und seine Frau, er wolle sich aber mit der Polizei in Verbindung setzen. Vermutlich tat er es auch, denn kurze Zeit später wurde Waldtraut abgeholt. Den Kindern sagte Vater Jean, dass sie in dieser schrecklichen Zeit des Krieges in ihre Heimat zurück müsse, denn jetzt zähle dort jeder einzelne Mensch.»

Benediktinerkloster Mariastein

Unweit vom «Kurhaus Kreuz» im Wallfahrtsort Mariastein steht die Basilika. Bekannt ist vor allem auch die Gnadenkapelle in einer natürlichen Felshöhle unterhalb der Basilika, erreichbar durch einen unterirdischen Gang. Mariastein war auch später immer wieder ein beliebter Ausflugsort der Familie

Die grosse Liebe

Mein Blick fällt auf die schattenhaft vorbeirasenden Häuser und Felder. Soll ich meinem praktisch unbekannten Kollegen weiter erzählen von unserer Familie? Wie weit kann und soll ich gehen? Könnte mein Vertrauen missbraucht werden? Weshalb? Schliesslich werde ich die Geschichte veröffentlichen und dann können es alle Interessierten lesen. Auch die Familienmitglieder.
Mein Gott ...!
Wo soll ich weiterfahren? Sicher bei der Liebesgeschichte zwischen meiner Mutter Marguerite und - ich nenne ihn mal - Walter, denn seinen richtigen Namen kenne ich bis zum heutigen Tage nicht.
Mein Gegenüber schaut mich an, sein Blick verrät mir, dass er mehr wissen möchte, dass ich fortfahren soll, muss, kann. Ich tu's.:
«1944 brach Grossvater nach einer wichtigen Sitzung, in Verbindung mit dem Holzsyndikat, im Bundeshaus in Bern auf der Eingangstreppe zusammen und musste ins Spital eingeliefert werden: Schlaganfall.»
«Wann ist denn Jean Cron gestorben?»
«Erst sechs Jahre später, am Sonntag, dem 10. September 1950, nach jahrelanger Krankheit.
Jean Cron war sein Leben lang ein ausserordentlich aktiver Mann. Umso schlimmer war für ihn der Spitalaufenthalt.
Danach luden die Schwestern vom Kurhaus Kreuz im Solothurner Wallfahrtsort Mariastein ihn und seine Frau Sophie ein, sich dort auszukurieren. Was die beiden gerne annahmen.
Dieses Gästehaus im Solothurnischen Mariastein wurde von den Erlenbacher Schwestern, einem Orden aus Deutschland, der auch in Basel eine Niederlassung hatte, geführt. Der Grund der Einladung war Dank dafür, dass mein Grossvater Jean zuvor das Kurhaus zu äusserst günstigen Bedingungen renoviert hatte. Natürlich verweilten meine Grosseltern nicht gratis dort, aber immerhin günstiger als andere Gäste.

Marguerite, also meine Mutter, konnte sich von diesem Moment an nicht mehr um die Sekretariatsarbeiten im Geschäft sorgen, sondern musste sich während dieser Zeit um ihre kleineren Geschwister kümmern. Zudem besuchte sie fast täglich ihre Eltern in Mariastein, was einen zeitraubenden Weg bedeutete: Mit der Strassenbahn zur Heuwaage. Von dort aus mit der Schmalspurbahn, dem ‹Birsigtal-Bähnli›, nach Flüh, anschliessend mit dem Postauto zum Wallfahrtsort Mariastein hoch.

Während einer dieser Fahrten lernte Marguerite ihn dann kennen, den Walter. Er war jung, lustig, ein Typ, den alle Leute mochten. Er fuhr oft den Bus von Flüh nach Mariastein. Sein Ziel war, einmal ein eigenes Unternehmen in der Auto- und Busbranche aufzubauen. Dies imponierte meiner Mutter sehr.

Sie hat mir gegenüber die erste Begegnung mit ihm nie erwähnt, aber es muss auf jeden Fall von der ersten Sekunde an ihre ganz grosse Liebe gewesen sein. Walter, so erzählte meine Mutter, sah attraktiv aus und war aus einer anderen Welt als Freund Tank.

Marguerite erzählte lange Zeit keinem Menschen von ihrer Liebe. Sie versuchte, sie zu verheimlichen.

Nun, Mama schilderte mir Jahre später, dass sie es nach einigen Wochen ihrer Mutter doch gesagt hätte:

‹Endlich habe ich einen Freund der mir, mir ganz allein gehört, den ich von Herzen liebe.›

Wochen später meinte Mutter Sophie, dieser Mann sei doch nichts für sie. Sie würde schon noch einen Besseren finden. Einen aus ihren Kreisen. Marguerite blieb hart und redete auf ihre Mutter ein:

‹Diese Freundschaft ist keine Eintagsfliege. Ich möchte Walter später heiraten!›

‹Gut›, entgegnete Sophie, ‹bring Walter mit und stell ihn uns vor. Ich versuche, Papa im Vorfeld positiv zu stimmen. Schliesslich spüre ich, dass du es sehr ernst meinst mit diesem Walter. Ich möchte dir zu deinem Glück nicht im Wege stehen!›

Jahre später fand ich einen Schreibblock, dem meine Mutter

die Geschichte über ihre Liebe und deren Verhinderung anvertraut hatte. Vermutlich wollte sie uns Kindern die wirkliche, echte Wahrheit mitteilen. Aber es blieb leider nur bei einem zweieinhalbseitigen handgeschriebenen Text. Danach hat sie sich nur noch einmal kurz hingesetzt und weitere Notizen gemacht. Vermutlich hat sie sich eben doch nicht getraut. Trotzdem sind diese Zeilen sehr aufschlussreich:

Das «Kurhaus Kreuz»
Es steht im Solothurner Wallfahrtsort Mariastein. Damals war es ein Gästehaus, geführt von den Erlenbacher Schwestern, einem Orden aus Deutschland. Das Kurhaus gehörte auch zum Vincentianum.
Jean verbrachte dort längere Zeit der Erholung – zusammen mit seiner Frau Sophie – nach seinem Zusammenbruch im Bundeshaus in Bern

Meine Lieben! Damals liebte ich ihn, doch heute, 30 Jahre später, denke ich anders. Mit 24 Jahren war ich noch sehr jung und unerfahren. Jedenfalls wollte ich ihn heiraten. Doch für meine Eltern war er nicht der Mann, den sie sich für ihre Tochter wünschten. Mein Vater, eine ausgeprägte Persönlichkeit, war sehr streng. Mama aber war fein und humorvoll. Aber auch sie war mit meiner Wahl nicht zufrieden. Doch beide waren sie gerecht ...»

Marcel wirft ein:
«Wie kann sie von ‹gerecht› schreiben, wenn man sie so behandelte?»
«Das ist auch mir unverständlich, aber so war sie eben. Und nicht nur sie: Ihre Geschwister waren und sind gleicher Meinung. Man suchte die Schuld immer bei sich selber. Man ehrte seine Eltern, wie es die Kirche vorschrieb, mochte geschehen, was wolle!
Ich zitiere einen weiteren Ausschnitt aus Mamas Notizen:

Sie liessen ihn zu sich kommen und unterhielten sich mit ihm. Papa wollte alles genau wissen, seinen Verdienst, seine Zukunftspläne und wie er sich unser gemeinsames Leben vorstellte. Sie wollten uns, falls sie sich zu unserer Verbindung einverstanden erklären würden, finanziell und auch beruflich beistehen.
Papa zog Erkundigungen ein, schickte sogar eine Verwandte, um Auskunft über ihn einzuholen. Diese fand die Auskünfte schrecklich, wie sie sagte: Er sähe Mädchen gerne, hätte - vor meiner Zeit - öfter Freundinnen gehabt und würde auch hie und da Alkohol trinken.
Als mein Liebster meinem Papa sagte, er sei nicht auf seine Hilfe angewiesen, er könne uns selber ernähren, denn er wolle später

eine eigene Firma gründen, war das Ganze endgültig verkachelt. ‹So einem Kerl›, sagte Papa, ‹kann ich dich nicht anvertrauen.› Er verbot mir, diesen ‹Herrn› weiter zu sehen.
Liebe, ein Gefühl der Zusammengehörigkeit, mein Trotz, wohl alles zusammen war geweckt. Ich traf ihn auch weiterhin und verteidigte ihn, so gut ich konnte. (...)
Weihnachten ging vorbei und wir beschenkten uns gegenseitig. Eines Abends, ich war mit ihm ausgegangen, verspätete ich mich. Alle sassen schon bei Tisch. Papa war sehr böse und fragte mich: ‹Warst du mit dem Kerl zusammen?› ‹Ja›, sagte ich angriffig, mit erhobenem Kopf. Papa stand auf, zeigte zur Tür und sagte: ‹Wenn du nicht hören kannst, so geh.› Ich rannte in mein Zimmer, ging zu Bett und weinte mich wütend in den Schlaf.
Morgens sagte Papa zu mir: ‹Du hast verstanden! Ich sage es kein zweites Mal.› Als er aus dem Hause war, packte ich meine Sachen, sagte Mama - die mir zuredete, ich solle es mir doch überlegen und vernünftig sein -, dass ich meine Liebe nicht verraten könne, und ging. Mein Trotz gegen Papa war grösser als das Bedauern meiner Mutter gegenüber. Sie tat mir leid. Ich sagte ihr, dass ich ja nicht ins weite Ausland gehen würde und versprach ihr, so bald wie möglich Bericht zu geben.»

Marcel unterbricht mich:
«Wie war das Verhältnis deiner Mama zu ihrer Mutter?»
«Nicht nur sie, sondern alle Kinder sahen in ihr die vollkommene Mutter. So wie eine ideale Mutter eben sein sollte: grosszügig, sanft, eine Ratgeberin in allen Lebenslagen, weise, herzensgut, klar und konsequent. Ich erinnere mich nicht, dass Mama auch nur ein klitzekleines kritisches Wort über sie in den Mund nahm.
Immer wenn es später innerhalb der Familie Auseinandersetzungen gab, reichte es, wenn jemand an einem gewissen Punkt sagte:
Wenn das Vater und Mutter hören könnten, dann würden sie sich im Grabe drehen. Spätestens nach diesem Satz wagte keiner der Anwesenden je wieder eine kritische Bemerkung.
Totschweigen war immer die Devise, so lange ich mich erinnern kann. Und nicht zuletzt auch deswegen schreibe

ich diese Geschichte nieder. Es gibt eben Dinge, die sollte man nicht ignorieren. Kritiker der Familie gehörten in die Kategorie Verräter. Und mit denen hatte man kein Mitleid. Man ignorierte sie. Einerseits, weil man sich selbst angegriffen und verletzt fühlte, andererseits, weil man die Illusion der absolut intakten und makellosen Familie nicht zerstört haben wollte. Und dagegen kämpfte man mit allen zur Verfügung stehenden Mitteln.
Auch heute noch!»
«Dein Buch kann Ärger geben!», sagt Marcel fast mitleidvoll.
«Die noch lebenden Geschwister meiner Mutter haben aus besagten Gründen keine Freude, die jüngere Generation, also meine Cousinen und Cousins werden meine Geschichte insofern interessiert lesen, weil sie damit über gewisse familiäre Dinge zum ersten Mal aufgeklärt werden. Zudem wissen sie alle, dass hier keine familiäre Selbstzerstörung stattfinden soll, sondern eine kritische Hinterfragung. Da geht es nicht um irgendeine Abrechnung. Dazu ist mir unsere Familie zu wichtig! Trotz allem!
Ich halte es zudem mit Peter Bichsel, der am 24. März 2005 in der Radiosendung Echo der Zeit in einem Interview gesagt hat:
‹Sobald der Schriftsteller zu erzählen beginnt, bietet er Versöhnung an!›»
«Aber im Zusammenhang mit der Firma könnte es problematisch werden», wirft Marcel ernst ein.
«Nun, die Qualität der Jean Cron AG wurde nie in Frage gestellt. Das ist ein anderes Thema! Die Firma war für ihre hohe Qualität und Seriosität bekannt - und ist es immer noch. Heute wird sie von einem meiner Cousins erfolgreich geführt.
Und ich bewundere ihn dafür, dass er in dieser für alle Bauunternehmen schwierigen Zeit immer noch die alte Tradition aufrechterhält: Qualität und Zuverlässigkeit sind das oberste Gebot!
Erstens können alle nichts dafür, dass Jean Cron seine Schwächen hatte, wie auch nicht jeder Schweizer und jeder Deutsche für die

Neujahrskarte von 1945
Holzschnitt des berühmten Urner Künstlers Heinrich Danioth. Wird es ein gutes oder schlechtes Jahr für Marguerite?

Taten seiner Eltern oder Grosseltern belangt werden kann. Zweitens hat das eine mit dem anderen nichts zu tun! Deshalb zurück zur Geschichte!

Nach dem grossen Krach mit ihrem Vater fragte sich Marguerite, wie ihre Zukunft wohl aussehen möge.

Marguerite saugte diese Liebe auf wie ein Schwamm. Ohne Walter ging es ganz bestimmt nicht. Und schliesslich wollte sie sich als 24-Jährige von ihren Eltern nicht vorschreiben lassen, wen sie nun heiraten sollte - letztlich muss sie mit ihrem Mann das ganze Leben zusammenbleiben, so verlangte es auch die Kirche!

Sie packte ihre Kleider in den kleinen Koffer. Auch ihren Pelzmantel, den ihr Mutter und Vater auf den zwanzigsten Geburtstag geschenkt hatten, legte sie sorgfältig hinein. Dann zog sie die warmen Sachen an, nahm ihr Erspartes mit, das sie Tage zuvor auf der Bank abgehoben hatte und verabschiedete sich von der einzigen Person, die noch im Hause war, der Hausangestellten.

Sie lief zielsicher zum Hauptbahnhof, der eine gute halbe Stunde entfernt war.

Es war ein kalter, windiger Morgen. In der vergangenen Nacht hatte es geschneit, ein leichter Hauch von Schnee lag noch auf den Strassen.

Marguerites Blick wanderte nicht wie üblich an den alten, schönen Häusern entlang. Und er fiel auch nicht auf die teils aufgerissenen Strassen mit zu kleinen Pyramiden aufgetürmten Pflastersteinen, die man für einen etwaigen deutschen Überfall als kleine Panzersperren aufgebaut hatte.

Sie hatte sich ausgedacht, nach Luzern zu fahren, in die Nähe ihrer Schwester Anneli und deren Mannes Franz-Xaver, ein Kirchenmusiker und Musikprofessor, den sie sehr verehrte und sehr gern hatte. Ihm hatte sie immer bedingungslos vertraut. Ihm konnte sie jedes Geheimnis erzählen, denn er war verschwiegen wie kein anderer.

Am Billettschalter musste Marguerite warten, wie viele andere auch. Sie sah all die Frauen und Kinder, die ihre Männer, mehrheitlich in Uniform, zur Truppe zurückkehrend oder

eben einen kurzen Urlaub antretend, umarmten. Als sie eine Mutter mit ihren zwei Kindern erblickte, die herzzerreissend von ihrem Vater Abschied nahmen, da überkam sie das Gefühl der Verlassenheit.
‹He, Sie da. He! Sie stehen im Weg. Entweder lösen Sie jetzt eine Karte oder Sie verschwinden von hier. Schliesslich warten wir alle auf ein Billett›, meinte ein Eidgenosse, dessen Fröntlerabzeichen am Revers glänzte - noch Ende Januar 1945, einige Monate vor Kriegsende.
Marguerite kaufte sich ein Billett dritter Klasse, einfach, nach Luzern. Einfach! Wie sich das anhörte. So, als würde man nie mehr zurückkehren.
Wie schön war es doch, als sie manchmal mit ihrer Mutter per Zug eine Tante besuchte. Dann erzählte die Mutter meist interessante Familiengeschichten. Darauf war Marguerite besonders stolz, denn oft waren es Erzählungen, die sich als kleine Geheimnisse entpuppten und die sie sich ganz allein mit Mutter teilen durfte.
In der dritten Klasse auf einer unbequemen Holzbank, eingeklemmt zwischen Frauen mit schreienden Kindern, laut Soldatenlieder singenden Militärs und einem ihr zublinzelnden jungen Mann, sass sie nun. Sie fügte sich ihrem selbst auferlegten Schicksal und entschuldigte sich damit, dass sie diese Situation ja letztlich eben freiwillig herbeigeführt habe.
Zum Glück leerten sich von Station zu Station die Bänke, so dass bei der Ankunft in Luzern nur noch etwa die Hälfte der Sitze belegt war. Marguerite war froh, dass die Fahrt ein Ende gefunden hatte.
Was würde sie nun erwarten?»

Luzern

«In der Leuchtenstadt angekommen, suchte sie sich ein kleines Hotel beim Bahnhof, denn Geld, wenigstens für eine gute Woche, hatte sie.
Das Zimmer war klein. Es befand sich im vierten Stock. Lift gab es keinen. Man konnte den kleinen Raum schon eher als saubere Absteige bezeichnen, aber wenigstens hatte sie ein Dach über dem Kopf.
Heimweh machte sich schon am ersten Abend bemerkbar. Diese Umstände waren neu, doch es war ihr Ziel, sich damit den ersten Schritt zur Unabhängigkeit zu erkämpfen. Ein kleiner Sieg, wenngleich ein schmerzlicher, doch Marguerite war sich bewusst: Veränderungen sind immer schmerzhaft.
Die erste Nacht in Luzern war schlimm; Angst, Unsicherheit breitete sich aus. Marguerite schlief kaum. In ihren Notizen steht:

Ich ging Zeitungen kaufen, denn ich hatte nicht viel Geld. Ich wollte mir und Papa beweisen, dass ich mich selbst durchbringen kann. Doch was sollte ich für Arbeit suchen? Ich habe nie Geld verdienen müssen - ich hatte Nähen, Schneidern, Stricken, Kochen, Hausarbeit, Schreibmaschine schreiben gelernt und arbeitete nur im eigenen Geschäft. Und ich konnte gut mit Kindern umgehen. Also suchte ich eine Stelle in einem Haushalt mit Kindern. Wie schwer es war, eine solche Stelle in einem guten Hause zu finden, erfuhr ich erst jetzt. Zeugnisse oder Empfehlungen hatte ich, ausser jene der École Ménagère, ja keine.
Jeden Tag telefonierte ich mit meinem Liebsten in Basel und mit Mama, die mich bat, nach Hause zu kommen. Doch ich wollte nicht.
Eines Abends, als ich ins Hotel zurückkam, sagte man mir an der Rezeption, dass ich im Voraus für eine weitere Woche bezahlen müsste. Ich fragte, weshalb. Ich bekam die Antwort: Ihr Vater hat angerufen und gesagt, er würde für Sie keine Rechnungen bezahlen. Ich war wie erschlagen und zog in ein anderes Hotel.

Marguerites Mutter wusste den Namen des Hotels nicht. Ich vermute, dass er über die Polizei ihre Adresse aufgespürt hat,

Das Kunst- und Kongresshaus 1945 in Luzern. Marguerite arbeitete dort eine geraume Zeit. Das Haus, 1933/34 von Architekt Armin Meili erschaffen, wurde 1994 abgerissen. 1998 wurde der Konzertsaal, im Jahr 2000 das gesamte, von Architekt Jean Nouvel neuerbaute Kultur- und Kongresszentrum eingeweiht

denn Marguerite musste sich ja im Hotel anmelden und diese Anmeldeformulare wurden der Polizei abgegeben. Jetzt war sie auf Arbeitssuche. Sie fuhr mit der Strassenbahn, damals gab es sie noch in Luzern, von einem Ende der Stadt zum andern. In einem Café sprach sie mit einer älteren Dame und erwähnte, dass sie eine Arbeit suchte. Die Frau riet ihr, es doch mal in einem Restaurant zu probieren, die würden immer junge, gschaffige Mädchen suchen. Und tatsächlich fand Marguerite einen Job als Serviertochter, im Restaurant des damaligen Kunsthauses, dem heutigen Kultur- und Kongresszentrum, KKL Luzern. Es hatte schon damals einen guten, sehr guten Ruf.

Abend für Abend war Marguerite mal hinter dem Tresen, mal als Serviertochter tätig. Es war eine anstrengende Arbeit, trotz meist freundlicher Gäste. Sie lernte rasch, obwohl sie vom Bedienen keine Ahnung hatte. Höchstens von zu Hause, wenn auch sie mal grossen Besuch bedienen helfen musste. Aber das war selten genug.
Inzwischen hatte sie sich auch an das neue Zimmer gewöhnt, dort, wo alle Angestellten ihre Schlafräume hatten.
Nach etwa einer Woche kam sie nach getaner Arbeit, spät nachts, wie immer auf ihr Zimmer und wusch sich. Als sie sich hinlegen wollte, klopfte es an der Tür. Ein Mann rief laut:
‹Mach auf, schönes Mädchen!›
Er rüttelte dabei so stark an der Tür, dass Marguerite befürchten musste, der Kerl könne reinkommen. Sie schob eine Kommode vor die Tür und hoffte, dass der Mann bald wieder gehen würde, was er auch kurz darauf tat, weil er zwei Kellner hörte, die in ihre Zimmer wollten. Marguerite wurde klar: Hier bleibe ich nicht!
Diese Geschichte frass sich tief in sie hinein. Als sie mir davon erzählte, zwanzig oder fünfundzwanzig Jahre später, war sie immer noch emotional bewegt.
Marguerite hielt es nicht mehr aus. Am folgenden Morgen rief sie Franz-Xaver, ihren Schwager, an und erzählte ihm alles.
Franz-Xaver war von Basel als Musikprofessor und Organist nach Altdorf berufen worden, wo er mit seiner Familie lebte. Tags darauf fuhr er mit dem Zug vom Kanton Uri nach Luzern. Sie trafen sich in einem Café. Marguerite war froh, dass sie mit Franz-Xaver über ihre Probleme reden und ihm ihr Herz ausschütten konnte.
Einige Tage nach diesem Gespräch rief Franz-Xaver sie an:
‹Ich habe mich mit einem Bekannten in Verbindung gesetzt, der eine gute Arztfamilie kennt›, sagte er.
‹Ich weiss, diese Familie benötigt dringend ein Mädchen, das sich sowohl um den Haushalt als auch um die Kinder kümmert. Die Familie wäre bereit, dich sofort aufzunehmen. Was meinst du?›

Sie war Franz-Xaver äusserst dankbar für seine Hilfe. Neues würde sich abzeichnen. Bestimmt würde es nicht mehr so stressig sein wie im Restaurant. Und zu Kindern hatte sie ja einen ausgezeichneten Draht.
Am Abend desselben Tages rief sie Walter wieder an und wünschte sich ihn endlich sehen zu können. Er versprach ihr, so rasch als möglich nach Luzern zu kommen.»

Die neue Arbeit

«Bereits am folgenden Tag konnte Marguerite die Arztfamilie besuchen, die am Rande der Stadt wohnte. Sie ging auf den luxuriösen Eingang dieses mächtigen Hauses zu, nicht ohne gesehen zu haben, dass sich der Vorhang neben der Eingangstür leicht bewegte. Die Tür öffnete sich und eine schöne Frau stand vor ihr. Marguerite wurde herzlich begrüsst, auch von zwei kleinen Mädchen. Ein Dienstmädchen wurde herbeigerufen und nahm ihr den Koffer ab.
Die Hausherrin begrüsste sie:
‹Nun, Marguerite, Sie sind uns von einem Freund ihres Schwagers empfohlen worden. Ich freue mich sehr, ein Mädchen aus gutem Hause bei uns zu haben.
Sie arbeiten meist tagsüber, aber manchmal auch nachts, wenn es unumgänglich ist. Wissen Sie, mein Mann und ich gehen nur selten aus. Doch ab und an muss man sich eben zeigen, an wichtigen Anlässen und so. Sie verstehen. Man hat halt seine Verpflichtungen.›
Marguerite war sich sicher, dass es sich hier wohl um eine neureiche Dame handeln musste, die ihren Status in den ersten Minuten klar manifestieren wollte.
Die Frau fuhr fort:
‹Zwei Dinge muss ich Ihnen vorweg sagen. Erstens: Wie Sie ja wissen, ist mein Mann Arzt, und das verpflichtet, gerade in gesellschaftlicher Hinsicht.
Die Bediensteten nennen mich alle Frau Doktor. Zum Zweiten: Sie können nicht bei uns im Hause schlafen. Doch keine Angst, wir haben vorgesorgt. Ich möchte, dass sich unsere Bediensteten wohl fühlen bei uns.›
Sie lächelte:
‹Ich habe Ihnen ein Zimmer gemietet, ganz in der Nähe. Zu Fuss sind es nur wenige Minuten. Sie haben dort alles, was Sie brauchen. Fühlen Sie sich dort wie zu Hause!›
Was sollte Marguerite dazu sagen?
Frau Doktor bemühte Marguerite zum Fenster und erklärte ihr, wie sie zu ihrem Zimmer komme, dass der Schlüssel schon

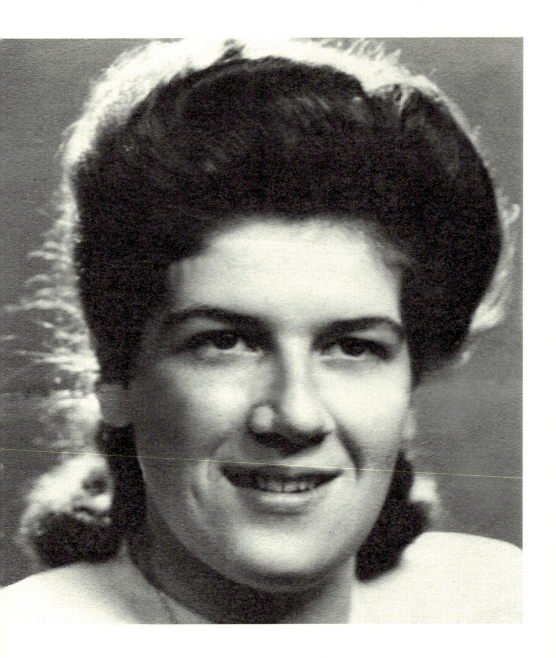

stecke und sie sich jetzt dorthin begeben solle. Sie könne sich heute den Rest des Tages freinehmen, aber man würde sie morgen pünktlich um acht Uhr erwarten.

Die Treppe war steil, knirschte und führte in den vierten Stock. Die Wände hatten schon bessere Zeiten erlebt. Der Anblick ihres neuen Heims stimmte sie nicht gerade fröhlich. Sie hatte keine Lust mehr, ihre Sachen aufzuräumen, zu sehr hatte sie die Begegnung mit Frau Doktor mitgenommen. Demoralisiert lag sie auf dem schmalen Bett des kargen Zimmers mit einem kalkgelben Spülbecken, einem alten klapprigen Kleiderschrank und einem schon stark abgetretenen Teppich. Das Gemütlichste in diesem Raum war zweifellos das Dachfenster: Wenigstens eine leise Spur von Romantik, dachte sich Marguerite, schloss die Augen und träumte von zu Hause, von ihren Geschwistern und ihren Eltern. Und davon, was es dort wohl zu Mittag gäbe.

Die Frau hatte nichts zu tun, ausser das Personal auf Trab zu halten; so richtig allen gängigen Klischees entsprechend. Ihr Ehemann war da schon anders: gepflegt, höflich, zurückhaltend, vornehm. Das gefiel Marguerite.

Ein Anruf. Das Dienstmädchen meldete einen gewissen Herrn Paul, der nach Marguerite verlange. Endlich ein Lebenszeichen von aussen, dachte Marguerite und lief rasch zum Telefon, das sich im Korridor befand. Es war ihr drei Jahre älterer Bruder Paul, der seit rund zwei Jahren im Priesterseminar St. Beat in Luzern studierte.

Paul war – und blieb – der Familiendiplomat, den alle mochten. Wenngleich er das nicht immer wirklich war. Marguerite schien es, als sei dies für Paul eine Art Pflichtanruf, gesteuert von Papa, der eben wissen wollte, wie es seiner Tochter erging. Sie erzählte nicht viel.

Von Paul selber hatte sie kaum Neues erfahren. Nur, dass man sich freuen würde, wenn sie wieder nach Hause zurückkäme. Doch sie wollte jetzt nicht aufgeben, wo sie doch eben den ersten, kleinen Schritt zur Autarkie getan hatte.

Die Zeit verging. Marguerite hatte sich an das Leben mit Frau Doktor gewöhnt. Die Kinder liebte sie sehr und sie erwiderten

Marguerite in Luzern
(linke Seite) Dies ist die einzige Fotografie aus der Zeit in Luzern und Altdorf im Jahr 1945

diese Liebe auch mit Fröhlichkeit und Anhänglichkeit. Es wurde Februar, der 13. Nach Angriffswellen der Royal Air Force und der United States Army Air Force auf den Grossraum Dresden brannte die berühmte Frauenkirche. Die Stadt wurde bis zum 15. Februar bombardiert. Bis zu 1'000 Grad heiss wurde es, so dass die ganze Kuppel zusammenstürzte. Die Historiker gehen davon aus, dass in diesen Tagen 25 bis 40 Tausend Menschen bei diesen Angriffen zu Tode kamen.

Marguerite war entsetzt. Da starben wieder viele Menschen, wenngleich auch Deutsche, von denen unzählige mitgeholfen hatten, den Weltkrieg anzuzetteln. Vor allem hatte sie aber kein Verständnis dafür, dass man sogar Kirchen bombardierte: Nicht mal davor haben die Menschen Respekt, dachte sie, als sie die Meldung aus den Nachrichten von Radio Beromünster hörte.

Doch auch gute Nachrichten gab es an diesem 13. Februar 1945: ‹Ein Brief für dich, Marguerite›, rief das jüngste Mädchen, das ihr besonders ans Herz gewachsen war, und rannte ihr freudig entgegen. Sie öffnete den Briefumschlag. Marguerite kannte die Schrift genau, es waren Walters Zeilen. Er schrieb ihr, dass er sie unbedingt sehen müsse. Er hielte es nicht mehr aus.

Walter wollte am ‹Schmutzige Donnerstag› nach Luzern kommen. Marguerite konnte natürlich nicht Nein sagen, denn zu sehr sehnte auch sie sich nach einem gemeinsamen Abend.»

Die Nacht der Nächte

«Es war der erste Tag der bekannten Luzerner Fasnacht. Der ‹Schmutzige Donnerstag›. Madame gab Marguerite frei, damit sie ‹die schönsten Tage Luzerns› erleben konnte. Allerdings wusste sie nicht, dass Marguerite sich mit Walter treffen und er vielleicht in Marguerites Zimmer übernachten würde.
Sie stand schon eine ganze Stunde früher vor dem Bahnhofseingang. Jetzt erst wurde ihr wieder richtig bewusst, wie sehr sie Walter liebte. Wie sehr sie sich auf seinen Besuch freute. Und zudem war es auch ihr erster freier Tag, seit sie bei dieser Familie arbeitete. Und erst jetzt wurde ihr klar, dass sie sich diese Stadt noch nie recht angeschaut hatte, noch nie durch die kleinen Gassen spaziert war.
Ein Jubeltag sondergleichen also, ging es ihr durch den Kopf, währenddem sie langsam durch das grosse gebogene Hauptportal des Sackbahnhofs in Richtung der einfahrenden Züge ging.
Während sie gedankenversunken an den Gleisen stand, merkte sie nicht, dass der Zug bereits einfuhr. Die Leute strömten aus den Waggons, voller Vorfreude auf die Fasnacht.
Plötzlich tippte ihr jemand auf die Schulter. Sie blickte Walter direkt ins Gesicht. Die beiden Verliebten umarmten sich innig.
Im Bahnhofbuffet sassen sie dann lange Zeit einfach nur da. Sie fühlten sich wie auf einer Insel, von der sie niemand mehr wegholen konnte.
Die Sonne schien, aber es war kalt an diesem Fasnachtstag. Sie waren frei und ungebunden. Endlich konnten sie nach langer Zeit wieder miteinander durch die Strassen gehen, Hand in Hand. Wie andere junge Leute.
Normalerweise sollte eigentlich der wohl kreativste Fasnachtsumzug der Schweiz - ausser dem Basler Cortège natürlich - stattfinden. Doch in diesem Kriegsjahr 1945 war alles anders: Beide Umzüge, der vom Schmutzigen Donnerstag und der vom ‹Güdismontag› wurden nicht

Fritschispiele
(rechte Seite) Die Fritschifamilie auf dem Fritschi-Brunnen. Wie 2002 (Foto) fanden 1945 die Fritschispiele um und auf dem Brunnen statt. Für die Zünftler ist der gewählte Fritschivater das ganze Jahr über der «ehrenfeste» Zunftmeister zu Safran. Während der Fasnachtszeit, zu der die vorausgehenden zwei bis drei Wochen der Heimbesuche und Beschenkungen gehören, ist er für die Stadtluzerner der Fritschivater und gilt während dieser Zeit als höchster Luzerner

durchgeführt, aus Pietät gegenüber der herrschenden Not in den umliegenden Ländern. Sogar die Fasnachtsplaquetten wurden, weil man Metall in diesen Jahren für andere, militärische Zwecke benötigte, aus Gips gegossen und bemalt. Und die Orangen, welche den Zuschauern traditionellerweise zugeworfen werden, wurden durch mit Crèpepapier überzogene Holzwollekugeln ersetzt. Im Innersten dieser Kugeln waren farbige Taler versteckt, die die Kinder dann gegen Schleckwaren eintauschen konnten.

Anstelle eines Umzuges führte man am Schmutzigen Donnerstag zweimal das ‹Fritschispiel› auf. Dieses symbolträchtige Theaterstück um Bruder Fritschi wurde an diesem Abend bei der Kappelbrücke vor dem Fritschibrunnen inszeniert. Marguerite und Walter genossen die Zweisamkeit inmitten von Getöse und verstopften Strassen ausserordentlich. Es war befreiend.

Es war spät in der Nacht, als sie in Marguerites Zimmer schlichen, denn niemand durfte von Walters Anwesenheit wissen.

In all der Zeit, in der sie sich kannten, hatten sie sich nie ‹vereinigt› - diesen Wortbedeutung benutzte meine Mutter, als sie mir erzählte, wie ich entstand.

Marguerite hatte moralische Bedenken, schliesslich wurde den katholischen Mädchen eingehämmert, dass Sex verwerflich sei und die Kirche nur die Vereinigung nach der kirchlichen Trauung akzeptiere. Und dann nur in der Absicht der Zeugung von Kindern.

Jetzt aber, da Marguerite von der moralischen Instanz Eltern weit weg war und Walter so lange Zeit nicht gesehen hatte, konnte sie sich gehenlassen, war sie bereit. Zum ersten Mal. Sie wurden Romeo und Julia.

Mama sagte mir Jahre danach, dass dies die schönste und intensivste Liebesnacht in ihrem Leben war. Ausser jenen Nächten - es waren ja immer Nächte, damals - natürlich, in denen meine Geschwister ‹entstanden›.

Sie liebten sich in dieser Nacht nicht nur. Sie redeten auch viel und ernsthaft. Walter konnte sich nicht vorstellen, dass

sie ihre Familie für immer verlassen würde. Und Marguerite selbst konnte dies ebenfalls nicht. Beide kamen zum Schluss, dass ihre Verbindung auf die Dauer keine Zukunft hätte, vor allem Marguerites Eltern wegen.
‹Warum sollen wir den schmerzhaften Abschied noch lange hinauszögern?›, meinte Walter, als sie sich schon früh morgens anzogen und aus dem Hause schlichen. Auf dem langen Weg zum Bahnhof sprachen sie fast kein Wort miteinander. Ab und zu warf Marguerite einen verstohlenen Blick auf Walter, der meist zu Boden schaute.
Als sie vor dem Zug standen, der ihn nach Basel zurückbringen sollte, weinte Marguerite. Es war wie eine klassische Filmszene

mit allem Drum und Dran. Walter winkte ihr noch lange nach. Marguerite ihm. Ihr war klar, dass sie Walter zum letzten Mal gesehen hatte. Und dass sie in dieser Stadt noch verlassener und einsamer leben würde als zuvor.»

Die Gewissheit

«Marguerite ging wieder mal auf Stellensuche. Sie musste weg von dieser Arztfamilie, vor allem von Madame. Jeden Morgen kaufte sie sich am Bahnhof die wichtigen Zeitungen. Sie konzentrierte sich auf Annoncen von Familien, die ein Kindermädchen suchten, und auf Firmen, die nach einer geeigneten Sekretärin Ausschau hielten.
Der Krieg hatte auch in der neutralen Schweiz seine Opfer: Unzählige Männer standen immer noch an der Front, seit Monaten und gar Jahren, ohne ihre Familien regelmässig besuchen zu können. Da gab es vor allem kleinere Firmen, die vor dem Konkurs standen, weil Arbeitskräfte aus besagten Gründen fehlten und kein Ersatz gefunden werden konnte.
Es war anstrengend, doch nach intensivem Suchen fand sie eine Stelle als Privatsekretärin bei einem älteren Mann. Das Büro, wenn man es überhaupt so bezeichnen kann, lag im Zentrum Luzerns, nahe der Kappelbrücke. Mit Blick auf den kleinen, aber reissenden Fluss Reuss.
Marguerite wusste, dass sich der zukünftige Arbeitgeber nach ihren Familienverhältnissen erkundigen würde, deshalb orientierte sie schon im Voraus ihren Schwager, der ihr versprach, sich wenn nötig für sie einzusetzen.
Die Kündigung bei Madame verlief weniger spektakulär als erwartet. Jedoch die Trennung von den Kindern fiel Marguerite nicht leicht, denn sie hatte die kleinen Mädchen ins Herz geschlossen. Sie versprach, sie ab und zu besuchen - was sie dann auch mehrmals tat, schliesslich konnte sie Kinder nicht belügen!
Nach schwierigen Tagen fand sie endlich ein Zimmer mit Waschgelegenheit und Toilette auf dem Zwischenstock. Und das Wichtigste: Sie konnte eine Arbeit als Sekretärin aufnehmen, eine Arbeit, die ihr Spass machte. Der ältere Mann, ein Jurist, kümmerte sich wirklich rührend um sie.
Seit der Fasnacht hatte sie von Walter nichts mehr gehört, auch keinen Brief erhalten. Sie tröstete sich damit, dass er vermutlich viel zu tun habe. Trotzdem machte sie sich

Sorgen, schliesslich schrieb sie ihm jeden zweiten Tag. Ob er sie schon vergessen hatte? Abends in ihrem Zimmer war Marguerite meist nachdenklich und traurig.

Nur selten ging sie aus und wenn, dann höchstens einen Kaffee trinken und den wenigen Touristen zuschauen, die auf der Quaianlage am Hotel Schweizerhof, Grand Hotel National und Hotel Palace Luzern entlang flanierten. Die Wochen vergingen. Obwohl sie im Büro versuchte, ihren Kummer zu verbergen, fiel ihrem Chef auf, dass sich das Mädchen, dem er eigentlich Lebenslust und Fröhlichkeit attestiert hatte, immer mehr in sich zurückzog und sich abkapselte.

Eines Tages sprach er sie darauf an. Sie war überrascht, aber sie erzählte nichts von ihrem Liebeskummer. Und über die Umstände, die sie nach Luzern geführt hatten, mochte sie schon gar nicht reden. Das ging nur sie etwas an.

Bomben auf Basel
Am 4. März 1945, um 10.30 Uhr, bombardierten die USA Basel. Neun Maschinen warfen ihre Bomben über Basel ab.
Der Güterbahnhof Wolf
wurde beträchtlich in Mitleidenschaft gezogen (grosse Bilder links und rechts). Ebenso wurde ein voll besetzter Personenzug getroffen, der Basel um 10.10 Uhr Richtung Olten verlassen hatte. Man kann von einem Wunder reden, denn an diesem Tag kam niemand ums Leben

‹Wenn Sie Probleme haben, dann sagen Sie es mir. Vielleicht kann ich helfen. Das täte ich gerne, denn Sie sind eine sehr angenehme und kultivierte junge Frau und äusserst fleissig. Das wollte ich Ihnen mal sagen›, meinte der Mann in väterlichem Ton. Sie bedankte sich für seine Offenheit und Hilfe.

Grosse Aufregung gab es am vierten März 1945, als im Radio Beromünster verkündet wurde, die US-Luftwaffe sei wieder einmal mehr Bombenangriffe auf die Schweiz, auf Basel und Zürich, geflogen.

Auf dem Bahnareal in Basel, das von neun Kampfflugzeugen attackiert wurde, fiel auch ein Passagierzug den Bomben zum Opfer. Einem Wunder gleich kamen dabei keine Menschen ums Leben. Während der Kriegszeit wurde in der Schweiz 7379-mal wegen Luftangriffen Alarm ausgelöst. Dabei fielen

Gundeli-Quartier

Nicht nur der Güterbahnhof wurde getroffen. Ein Teil des Gundeli-Quartiers lag ebenfalls in Schutt und Asche (unten)

70 Bomben auf die Kantone in den Grenzgebieten. Bei diesen Angriffen kamen 84 Menschen ums Leben, Hunderte wurden verletzt und ein Sachschaden von 65 Millionen Franken wurde ausgelöst.

Der Angriff, der am meisten Menschenleben kostete, fand im Kanton Schaffhausen statt. Auch Stein am Rhein wurde nicht verschont. Am 1. April 1944 hat die US-Luftwaffe 371 Bomben über der Stadt Schaffhausen abgeworfen. Das Resultat: Es kam zu 65 Grossbränden, 40 Menschen verloren das Leben, 270 Personen wurden verletzt. Historische Zeugnisse beweisen, dass sich der damalige US-Präsident Roosevelt kurz nach den Angriffen bei der Schweiz entschuldigte.

Nie konnte aufgedeckt werden, ob die Raketen gezielt oder fälschlicherweise auf die Schweiz abgeworfen wurden.

Marguerite war schockiert und hatte grosse Angst, dass der Familie in Basel etwas passiert war. Zitternd vor Angst rief sie zu Hause an. Die Mutter konnte sie beruhigen: ‹Mach dir keine Sorgen, es ist keinem von uns und unseren Verwandten etwas passiert. Überhaupt wurde niemand persönlich verletzt. Aber es ist sehr schlimm, mein Kind.

Der halbe Bahnhof wurde getroffen, vor allem der Güterbahnhof ist verwüstet. Und einige Häuser in der Umgebung des Bahnhofs.›

Die beiden unterhielten sich noch über dies und das. Marguerite war froh ob dieser letzlich guten Nachricht - und sie war glücklich, mit ihrer Mutter gesprochen zu haben.

Die Zeit in Luzern verging.

Die Arbeit gefiel ihr sehr. Inzwischen hatte sie auch zwei junge Frauen kennengelernt, mit denen sie sich gut verstand und, wenngleich selten, auch schon mal in einem Café sass und plauderte.

Als Marguerite eines Morgens aufwachte, war ihr schlecht. Sie musste mehrmals erbrechen. Sie sagte es ihrem Chef.

Der meinte: ‹Kommen Sie erst wieder, wenn Sie gesund sind!›

Marguerite widersprach zuerst, doch dann gab sie nach und war froh über dessen Entscheid. Am Abend ging es ihr immer noch nicht besonders gut und als sie endlich einschlafen

konnte, war es bereits sechs Uhr morgens. Sie erwachte jäh, als die Vermieterin laut an die Tür klopfte und nach ihr rief:
‹Mein Kind, es ist schon zehn Uhr. Arbeitest du heute nicht?›
Als Marguerite nicht gleich reagierte, rief sie noch lauter und polterte kraftvoll an die Tür:
‹Was ist los mit dir? Sag was, gib Antwort, öffne die Tür!›
Die Vermieterin, eine Frau mit offenbar ganz grosser Lebenserfahrung, sah Marguerite in die Augen und sagte ganz emotionslos:
‹Na, so wie du aussiehst, wirst du wohl schwanger sein. Komm, leg dich hin, ich mach dir einen heissen Tee.›
Marguerite war fassungslos. Daran hatte sie zuletzt gedacht. Der Gedanke daran liess sie noch blasser sein, als sie schon war. Nein, das konnte und durfte nicht sein.
Als die Vermieterin mit dem heissen Tee zurückkam, kümmerte sie sich liebevoll mit mütterlicher Sorge und voller Sentimentalität um Marguerite.
‹Du musst zum Arzt, du musst dich untersuchen lassen, mein Kind.›
Jetzt konnte Marguerite das Weinen nicht mehr unterdrücken. Es wurde ihr langsam bewusst, was es heissen würde, möglicherweise ein Kind zu bekommen.
Obwohl sie protestierte, hatte die Zimmervermieterin bereits einen Arzt gerufen.
Die Vermieterin sass noch auf dem Bettrand und tröstete Marguerite, als es klingelte.
‹Das wird der Arzt sein›, sagte sie ganz ruhig. Marguerite wollte dagegen protestieren - sie hatte keine Chance. Ein untersetzter Mann in leicht schmuddeliger Kleidung betrat das kleine Zimmer. Der Arzt war nicht unsympathisch, doch er hatte eben so was nicht genau definierbar Unordentliches an sich:
‹Haben Sie keine Angst kleines Fräulein, es wird schon nicht wehtun. Und glauben Sie mir, das ist für mich eine Routinesache, schliesslich habe ich fast täglich ...›
Er wusch sich am winzigen Waschtrog die Hände und schickte die Frau hinaus, die, wenngleich widerwillig, hinter

sich die Tür schloss. Einer zeremoniellen Handlung gleich packte er seine Utensilien aus. Marguerite schloss die Augen und liess alles mit sich geschehen, so, als ginge sie das Ganze nichts an.

‹Na›, sagte der Arzt, während er sich die Hände an einem Handtuch trocknete, ‹na, junge Dame, ihre Zimmervermieterin hat Recht: Sie bekommen ein Kind. Freuen Sie sich darauf!›

Marguerite konnte es nicht fassen. Die Vermieterin hatte draussen an der Tür gehorcht, öffnete sie nun leise und trat ein. Sie setzte sich auf die Bettkante und streichelte Marguerites Hand. Der Arzt packte seine Sachen zusammen und gab Marguerite noch einige gute Wünsche mit auf den Weg ...

Eine gute Stunde blieb die Vermieterin noch bei Marguerite. Sie sprach ihr Mut zu und zeigte dabei ihre mütterliche, ihre sanfte und mutige Seite. Marguerite war froh, dass sie in diesem schweren Moment bei ihr war. Sie verzieh ihr, dass sie ohne ihre Zustimmung abzuwarten, den Arzt herbeigerufen hatte. Was tun? Marguerite dachte an ihre Eltern, an Walter. Wie er dies wohl aufnehmen würde? Eine Abtreibung kam aus vielerlei Gründen nicht in Frage, schon allein der Gedanke daran schien Marguerite sündhaft zu sein, schliesslich war sie streng katholisch erzogen worden. Auf der anderen Seite wusste sie, dass das ein Kind der Liebe war, einer verbotenen zwar, aber nicht das Resultat eines Abenteuers – auf das sie sowieso nie eingegangen wäre.

Jetzt war die Situation doch anders: Vielleicht war es ein Zeichen Gottes, dass sie beide doch noch zusammenkämen, ja zusammenkommen müssten, und dass Vater unter diesen Umständen in eine Ehe einzuwilligen hätte, ob er wollte oder nicht.

Oder war dies nun die Strafe Gottes? Hatte Gott sie fallengelassen?

Hatte die Kirche, hatten Mutter und Vater doch Recht gehabt?

Gott und ihre Familie, das waren bis anhin die wichtigsten Faktoren in ihrem Leben. Sie machte sich grosse Vorwürfe,

die junge Frau, die im Sommer 1945 ihren 24. Geburtstag feiern würde. Sicher, einige ihrer Klassenkameradinnen von der Frauenhandarbeitsschule waren schon längst Mütter, allerdings unter anderen Voraussetzungen.»
Marcel sieht mich mit ernster Miene an:
«Schrecklich für diese junge Frau. Glaubst du wirklich, dass deine Mutter dies als Strafe Gottes sah?»
«Ich bin fest überzeugt», gebe ich zur Antwort.
«Erst in ihrem letzten Lebensjahr hat sie mir davon erzählt. Es ist ihr äusserst schwer gefallen, denn zum ersten Mal in ihrem Leben gab sie zu, damals mit Gott gehadert zu haben. Vierzig Jahre danach hatte sie immer noch das Gefühl, Missgeschicke seien auf Gottes Zorn zurückzuführen, und nicht etwa auf schicksalhafte Umstände, falsches Verhalten oder einfach auf menschliches Versagen.
Später, als sie ihre eigene Familie, ihre Kinder hatte, waren diese ihr das Wichtigste. Für sie tat sie alles, was in ihrer Macht stand. Sie war wie eine Löwin, die ihre Familie durch Dick und Dünn verteidigte und ihr eigenes Leben dafür hergegeben hätte.
Unser familiärer Freund, Pfarrer Gerold Beck, verlas anlässlich der Trauerfeier am Mittwoch, dem 24. Februar 1988, auf dem Friedhof in Allschwil die Trauerrede. Unter anderem sagte er:

Marguerite Flury-Cron konnte keine grosse berufliche Karriere, keine internationalen Diplome, kein politisches Engagement, keine Mitgliedschaft in Vereinen aufweisen. Dafür aber war sie allen, die sie kannten, zum Gleichnis einer Mutter geworden. Zum Symbol einer mutigen, ehrlichen, konsequenten Frau, deren Liebe ihren eigenen Kindern galt und all jenen Menschen, welche sich Rat und Trost bei ihr holten. Ihre innere Kraft, ihre ganze Konzentration auf das Mutter-Sein prägte ihre Kinder und später deren Familien. Sie schuf eine Gemeinschaft um sich herum, die sich erst recht jetzt, nach ihrem Heimgang, als Gemeinschaft im besten Sinne des Begriffes manifestiert. Immer standen der Mensch, seine Persönlichkeit im Mittelpunkt und nie seine Funktion!

Traditionalist Lefebvre
Erzbischof Marcel Lefebvre, unter anderem auch Befürworter der lateinisch gehaltenen Liturgie, war jahrelang in Ecône im Kanton Wallis tätig

Die Religion hatte grossen Einfluss auf sie. Sie war fromm, aber keine Frömmlerin. Und das ist ein grosser Unterschied! In ihren letzten Lebensmonaten fühlte sie sich den Lefebvre-Anhängern verbunden. Die Traditionalisten unter der Guide von Erzbischof Marcel Lefebvre, der in Ecône, im Kanton Wallis, ein Priesterseminar gründete, waren unter anderem auch vehemente Gegner der liturgischen Veränderungen und Befürworter der auf Lateinisch gehaltenen Liturgie. Auch Mutter unterschrieb diese Ansicht, vielleicht auch, weil die in lateinischer Sprache gehaltene Eucharistiefeier sie an ihre Jugend erinnerte.

Diese Liebe zum lateinischen Prozedere nutzte Pater Mario vom Priorat St. Theresia, das sich damals am Schliengerweg 17 in den Räumen einer alten Fabrik in Basel befand, schamlos aus. In ihren letzten Lebenstagen schenkte ihm Mama einige exquisite Dinge, auch zwei wertvolle antike Bibeln. Zur Ehrenrettung Pater Marios muss ich allerdings erwähnen, dass ihr von den Vertretern der ‹modernen› katholischen Kirche aus Allschwil niemand am Krankenbett im Spital Trost spendete und Mut machte.»

«Wer erfuhr zuerst von der Schwangerschaft?», fragt Marcel.

«Wie du sicher vermutest: Franz-Xaver. Inzwischen war schon fast ein Monat vergangen seit der Bestätigung des Arztes, obwohl die Vermieterin, inzwischen zur Verschworenen geworden, Marguerite fast täglich mahnte, ihren Schwager endlich zu informieren.

Sie hatte sich ihr schönstes Kleid angezogen und sich einen neuen Schal gekauft.

Marguerite wartete im Bahnhofrestaurant ungeduldig auf ihn. Sie zitterte, als Franz-Xaver durch die Tür kam und sich umschaute. Er kam fröhlich auf sie zu, begrüsste sie und nahm Platz.

‹Na, meine Liebe, was hast du denn auf dem Herzen?›, meinte er lächelnd und hielt dabei freundschaftlich ihre Hand. Sie erzählte ihm von ihrem Problem, das sich von diesem Moment an zum Familiendrama par excellence entwickeln würde.

Nach einigen Minuten holte Franz-Xaver tief Luft und sagte mit ruhiger Stimme:

‹Du weisst, dass ich dich sehr mag, und dass du jederzeit zu mir und zu Anneli kommen kannst. Ich schätze es unsagbar, dass du mir dein Vertrauen schenkst. - Weiss schon jemand anderes davon? Hast du deine Eltern schon informiert? Wer ist der Vater des Kindes?›

Fragen über Fragen.

Es war schwer für Marguerite. Franz-Xaver wusste dies und beschränkte sich deshalb auf das Wichtigste. Er beruhigte seine junge Schwägerin so gut es ging - und damit auch sich selbst. Er würde alles in die Hand nehmen, in zwei Tagen nach Basel fahren, alleine, und Marguerites Eltern persönlich informieren. Dem jungen Vater solle sie aber nichts sagen, dies sei wichtig. Sie solle sich keine Sorgen machen, er würde das schon hinkriegen, meinte er und war sich dabei im

Klaren, dass dies ein sehr schwerer Gang würde. Marguerite war erleichtert. Franz-Xaver würde ihr helfen, da war sie sich sicher.
Wesentlich ruhiger als zuvor ging sie zurück in ihr Zimmer. Kaum hatte sie die Tür hinter sich zugemacht, klopfte die Vermieterin: Sie wollte alles wissen. Marguerite erzählte ihr das Nötigste.
Tage später, als sie nach getaner Arbeit auf ihr Zimmer ging, überreichte ihr die Vermieterin mit ernster Mine einen Brief. Ihr Schwager habe ihn persönlich überbracht, um nicht zuletzt auch von einer neutralen Person zu erfahren, wie es Marguerite gehe. Er sei nur ganz kurz hier gewesen.
‹Ich soll dir aber einen ganz herzlichen Gruss ausrichten›, sagte sie, wohl auch, um Marguerite ein wenig zu trösten.
Längst hatte Marguerite grosses Vertrauen zur Vermieterin und empfand es nicht als Eindringen in ihre Privatsphäre, als diese ihren Kopf über das handgeschriebene Papier beugte und mitlas. Es war der Brief von Mutter Sophie Cron, mit zittriger Hand geschrieben. Das Thema war offensichtlich, doch Marguerite konnte keinen einzigen Vorwurf darin finden. Nur Zuneigung und mütterliches Mitempfinden. Die Vermieterin lächelte:
‹Siehst du, es hat sich gelohnt, die Flinte nicht gleich ins Korn zu werfen. Du hast eine verständnisvolle Mutter, ihr werdet bestimmt einen Weg finden.›
Marguerite war froh, dass ihre Mutter so dachte, wie sie es sich im Geheimsten erhofft hatte. Sie war überglücklich, dass sie ihr Mut machte und sie bat, sofort wieder mit Franz-Xaver Kontakt aufzunehmen und die Stelle zu kündigen. Sie wollte, dass Marguerite so rasch als möglich nach Hause kommt, ohne Angst haben zu müssen, weder vor ihrem Vater noch vor den Geschwistern. Diese seien sowieso nicht informiert worden, ausser Anneli, die es ja von Franz-Xaver erfahren habe.
Noch am selben Abend rief Marguerite ihre Mama an und machte ihr klar, dass sie nicht nach Basel kommen wolle, wegen Vater. Die Mutter verstand Marguerites Argument und sagte ihr, dass sie über die weiteren Pläne hören würde.

Marguerites Eltern waren sich noch am selben Tag einig geworden: Sie solle zunächst Anneli und Franz-Xaver helfen und sich um die beiden Kinder Hansjörg und Mares kümmern.
Schon wenige Tage später war es dann so weit: Marguerite musste beim alten Herrn die Stelle aufgeben. Er verstand die Lage seiner Angestellten und sprach ihr guten Mut zu für ihren weiteren Lebensweg. Gerne liess er sie nicht gehen, denn sie war ihm eine gute und loyale Mitarbeiterin. Ebenso musste sie sich von der Vermieterin verabschieden und ihr versprechen, sie auch weiterhin über alles zu informieren.
Mutter Sophie wollte unbedingt, dass Marguerite vom eigenen Firmen- und Privatchauffeur nach Altdorf gefahren werde, mit dem Hintergedanken, dass sie von Chauffeur Salvisberg persönlich erfahren würde, wie es ihrer Marguerite ging.
Salvisberg war ein kleiner, schmächtiger Mann, der durch das Steuerrad des alten Chevrolets durchsah, weil der Sitz für ihn viel zu niedrig war. Sein Stolz und sein Selbstwertgefühl liessen es aber niemals zu, ein Kissen auf den Sitz zu legen. Er packte Marguerites Sachen in den Wagen, viel hatte sie ja nicht dabei.
Hinter Brunnen am Vierwaldstättersee, dem Urnerteil des Sees, musste der Chauffeur mehrere Male halten, weil er Armeefahrzeugen Platz machen musste, die auf der schmalen, weltberühmten Höhenstrasse am Axen, der Axenstrasse, entlangfuhren in Richtung Berge zum Reduit. Heute ist dieser Weg eine Allerweltsstrasse geworden. Marguerite sass zusammengesunken auf dem hinteren Sitz und schaute abwesend zum Fenster hinaus.»
«Seit wann kennst du die Wahrheit?»
Marcel beugt sich zu mir und unterbricht mich mit einem fordernden Blick.
«Angefangen hat es eigentlich schon in der zweiten Primarschule, also mit acht Jahren. Mein ein Jahr jüngerer Bruder und ich erhielten unsere Zeugnisse. Auf dem Cover standen die üblichen Angaben wie Vorname, Name, Geburt

und Geburtsort. Bei Geburtsort stand bei mir Annemasse, bei meinem Bruder Altdorf. Ich wunderte mich und fragte meine Mutter. Sie verhielt sich erst eigenartig, sagte gar nichts, schaute nur weg. Dann schüttelte sie den Kopf, als würde sie Gedanken wegschieben und erklärte mir ruhig, dass die von der Schule einen falschen Geburtsort aufgeschrieben hätten. Für meine Mutter war die Sache erledigt, für mich allerdings nicht.

Ich hatte immer wieder mal an diesen eigenartigen Vorfall gedacht. Und im darauf folgenden Jahr schaute ich genau hin, als ich mein Zeugnis bekam. Und wieder stand dieses mir unerklärliche ‹Annemasse› drin. Ich sagte meiner Mutter nichts.

In seinem Roman ‹Suche nach der verlorenen Zeit›, beschreibt Marcel Proust dieses Gefühl eines Kindes: ‹... ich habe nie verstanden, wie ein Geheimnis, es mochte noch so gut gehütet sein, unbewusst auf einen einwirkt, eine Art Irritation, Gefühl der Verfolgung, Nachforschungswahn auslöst. So spüren Kinder in einem Alter, in dem sie noch keine Vorstellung von den Generationengesetzen haben können, dass man sie betrügt, erahnen die Wahrheit. Ich weiss nicht, welche dunkeln Indizien sich in meinem Gehirn ansammelten.›»

«Wie hast du dann mehr erfahren? Konkretes?», will Marcel nun sichtlich interessiert wissen.

«Aufs Jahr genau kann ich es nicht mehr eruieren, aber ich dürfte etwa um die vierzehn Jahre alt gewesen sein. Mutter und ich hatten während einigen Jahren unsere ‹Nachtgespräche›. Wenn Lesen, Fernsehen oder vor allem Malen und Zeichnen nachts auf dem Programm stand, dann wurde es oft sehr spät.

Um Mitternacht rum machte Mutter meist noch einen Kaffee. So tranken wir denn gemütlich und plauderten am Küchentisch sitzend oder am Fenster in die Nacht hinausschauend über alles Mögliche und Unmögliche.

Sie erzählte Geschichten von früher, aber erklärte mir auch die sogenannte ‹klassische› Musik. Vor allem liebte sie Chopin, Mozart, Bach, Brahms, Tschaikowski, Glinka,

Mussorgski und viele andere. Da wurde es oft Morgen, bis ich mich noch für eine oder zwei Stunden aufs Ohr legte. Aber das war mir egal - meiner Mutter weniger. Aber sie machte sich jeweils nur einen kleinen Vorwurf, schliesslich waren diese ‹Nachtgespräche› nur etwa jede zweite Woche angesagt.

In einer solchen Nacht redeten wir über eine Geschichte aus Altdorf. Irgendwann mal meinte meine Mutter:
‹Hol doch mal die Unterlagen aus dem Sekretär. Sie sind in einem angeschriebenen hellgelben Couvert.›

Ich klappte am Büffet die Sekretärstüre runter, griff mir am besagten Ort das Couvert und zog es vorsichtig zwischen den anderen hervor. Trotzdem fiel ein A4-Couvert heraus und die Hälfte des Inhaltes flatterte auf den Boden.

Da lagen sie nun, die verschiedensten Briefe. So rasch wie möglich sammelte ich das Material ein und schob die Briefe hinein. Einer fiel mir dabei auf, einer mit Zeilen meines Grossvaters über den kleinen Augustine Philipp, der in die Familie aufgenommen werden sollte.

Ich brachte meiner Mutter das gewünschte Couvert und wir redeten über die Altdorfer Geschichte. Von meiner Entdeckung sagte ich wochenlang nichts.

Eines Nachts, die Eltern waren im Theater in Luzern, schaute ich mir verstohlen einige dieser Briefe an, verstand aber nichts, konnte keine richtigen Zusammenhänge sehen. Aber ich wusste: Da gibt es eine Geschichte über mich, die höchst eigentümlich ist.

Als ich bei einem unserer darauf folgenden Nachtgespräche fast aus heiterem Himmel sagte, ich wisse, dass ich ein uneheliches Kind sei, weinte meine Mutter bitterlich. Sie stritt es nicht ab. Aber viel mehr sagte sie nicht dazu. Sie musste auch nicht, das reichte mir erst mal für den Anfang.

Erst Jahre später sprachen wir immer wieder kurz mal davon, und Stück für Stück, wie ein Puzzle, fügte sich die Geschichte langsam zusammen. Den Namen meines ‹Erzeugers› hingegen, den nahm sie, wie sie sich ausdrückte, ‹mit ins Grab› - wie sie sowieso die gesamte Geschichte lieber mitgenommen hätte.»

Porträt Arnold Remigi Flury
Ölbild von Heinrich Danioth,
Leinwand, 70 x 50 cm,
1942, im Privatbesitz

Bei Anneli in Altdorf

«Es war am späten Nachmittag Anfang April 1945, als Marguerite in Altdorf eintraf und von Kindergeschrei empfangen wurde. Ihre Schwester Anneli freute sich sehr über die Hilfe Marguerites, da sie gesundheitlich angeschlagen war. Franz-Xaver genoss die gemeinschaftlichen Abende sichtlich. Er freute sich, Gitte, wie er sie nannte, auf andere Gedanken bringen zu können.

Oft luden Anneli und Franz-Xaver auch einige ihrer Freunde ein, beispielsweise den Maler und Dichter Heinrich Danioth oder den Heraldiker Alois Huber. Und nicht zu vergessen Arnold Remigi Flury, den man Noldi nannte. Marguerite aber nannte ihn immer Remigi!

Der war ein ganz spezieller Kauz: Immer zu geistreichen Spässen aufgelegt, immer über Kunst, vor allem aber Theater diskutierend. Und immer mit einem Glas Wein in der Hand. Arnold Remigius Flury, geboren am 1. September 1900, stammte aus einer einfachen Postbeamten-Familie aus Stans, im Kanton Nidwalden. Mutter Josefina Christina, geborene Zelger, und Vater Franz Flury hatten elf Kinder. Es war eine glückliche Familie, eine mit viel Herzensliebe. Die grossen Probleme waren finanzieller Natur.

Remigi war ein ausserordentlich gescheiter Junge und schaffte das Gymnasium ‹mit links› - er war von Anfang an Klassenbester. Nach der Matura begann er mit dem humanistischen Studium, musste es aber aus finanziellen Gründen aufgeben. An der Handelsschule Frei in Luzern machte er daraufhin eine kaufmännische Ausbildung und arbeitete anschliessend als Vermittler bei der Patria-Versicherung. Als 22-Jähriger reiste er nach Rom, wo er Privatsekretär von Kardinal Frühwirth wurde.

Nach mehr als einem Jahr aus Rom zurück, arbeitete Remigi als Buchhalter in der Reismühle Brunnen am Vierwaldstättersee und in Luzern im Advokaturbüro von Dr. Grüter. 1940 berief ihn die Urner Regierung als Chef der Kantonalen Preiskontrolle nach Altdorf.

Die Eltern von Remigi
Hochzeitsbild von Josefina Christina und Franz Flury-Zelger, 30. April 1898

«Kreuz» in Flüelen

Das in Remigis Brief erwähnte Kreuz. Das heutige «Hotel Weisses Kreuz – Schweizerhof», früher «Gasthaus zum Weissen Kreuz», hat sich in seiner äusseren Erscheinung nicht wesentlich verändert (Aufnahme 2007)

Schon als junger Mann war er Mitglied der Laienschauspielergruppe ‹Luzerner Spielleute›, aus der neben anderen seiner Kollegen das berühmte Schweizer Schauspielerehepaar Margrith Winter und Erwin Kohlund hervorgingen. Später war Noldi auch vor allem im Radio Studio Basel in vielen Hörspielrollen zu hören, beispielsweise in der damals berühmten Serie ‹Verzell du das em Fährimaa›.

All diese Freunde der Familie waren Künstler und äusserst interessante Gesprächspartner. Remigi hatte sich seit Längerem in die jüngere Schwester von Anneli und Marguerite, Therese - man nannte sie Thesi - verliebt. Und ihr gefiel Remigi, weil er so charmant war und gebildet war. Aber eigentlich war sie viel zu jung für den inzwischen doch schon 45-Jährigen.

Auch Marguerite hatte den Mann aus Stans von Anfang an in ihr Herz geschlossen. Ihm konnte sie vom ersten Moment an vertrauen. Desgleichen war Remigi von ihr sehr angetan, und dies nicht nur ihrer Jugend wegen:

‹Du gefällst mir sehr, deine Art, zu denken und zu fühlen, bringt mich auf andere Gedanken, in andere Sphären›, hatte er ihr beim zweiten Wiedersehen im Hause Annelis hinter vorgehaltener Hand gesagt. Sie lächelte schamvoll. Marguerite war über sich selbst erstaunt, dass sie darauf nicht schnippisch reagierte, aber eben: Remigi gefiel ihr sehr.

Angefangen hatte alles am 10. Horner, im Frühling 1945. In einem Brief vom 18. Juli 1945 schrieb Remigi in Erinnerung an jenen Abend:

Das Atelierfest war in Vorbereitung, Kari kochte Suppe bei Heiri Danioth, Hedi und ich strichen Brötchen - und Du warst bei den Kindern. Sicher warst Du dabei im Kollegi-Theater, ich erinnere mich noch, dass Du damals die grossen braunen Winterüberschuhe trugst und dass Dein schwarzes Haar widerspenstig Deine Stirn beschattete. Du sahest bleich aus und müde.

In dieser Zeit hatten wir Rauchpause, Franz-Xaver, Heiri Danioth und ich und als ich am Samstag in die Nuntiatur kam, sassen die Herren (Heiri Danioth und Franz Xaver) gemütlich am runden Tischchen im Flügelzimmer und rauchten wie Schlote. In der damaligen Zeit warst Du

öfters meine Verführerin statt Führerin. Du weisst ja noch, den linken Ellenbogen aufgestützt auf den Tisch, das Kinn in die gebogene Hand gelegt und zwischen den Lippen (die ich jetzt gleich küssen möchte) die unvermeidliche Cigarette.
Oder: Du und Marie-Theresli im Kreuz in Flüelen ... Ich wollte per Velo zu Heiri Danioth, blieb dann aber in einer Gesellschaft hängen - zuerst bei Dir und dann bei Kari Gisler, Eveli Renner und anderen, und erst gegen Abend und nicht mehr ganz nüchtern fuhr ich zu Heiri Danioth.
In dieser Zeit buchhalterte ich viel bei Franz-Xaver, ich sah Dich fast täglich, aber nie wäre es mir in den Sinn gekommen, dass einmal so schöne Tage für uns anbrechen würden, ich stand in Thesis Bann, das weisst Du ja.
Dann war einmal Louis da und zugleich auch Dein Schwesterlein und, am 25. Horner, Franz-Xaver hatte einen leichten ‹Joder› gab ich Dir den Schmollisschmutz. - Hansjörg hatte die Masern, der geduldige und liebe Patient, und am 26. verreiste Thesi. Du liessest uns im Esszimmer viel allein, Du Rücksichtsvolle! In Flüelen winkten wir gemeinsam, bis der Zug die letzte Rundung genommen, der Zug, der mir damals viel Liebes entführte.

Künstlerfreunde
Franz-Xaver (l.) und
Remigi, um 1943

Natürlich blieb dies auch Anneli nicht verborgen, die Marguerite klarmachte: ‹Ich will nicht, dass du mit Remigi ein Techtelmechtel anfängst. Schliesslich ist er ein Freund des Hauses. Und er ist verliebt in Thesi, was ich auch nicht tolerieren kann. Dazu kommt, dass er trinkt, den bekommt niemand von der Flasche weg. Auch du nicht!›

Insgeheim verabredeten sich Remigi und Marguerite in Flüelen beim Kunstmalerfreund Danioth, um ungestört miteinander reden zu können. Dieses erste Zusammentreffen wurde zum Grundstein einer interessanten und liebevollen Beziehung zwischen einer 24-jährigen Frau und einem eingefleischten 45-jährigen Junggesellen.

Remigi liebte seine Freiheit und hasste es, von den Frauen einverleibt zu werden. Er wollte sich seinen Freiraum bewahren, nicht am Gängelband geführt und eifersüchtig überwacht werden und immer Rechenschaft ablegen müssen. In Marguerite sah er die Frau, die ihn verstehen und die ihm vertrauen würde.

Marguerite hingegen wollte, nachdem sie die Liebe mit Walter hinter sich gebracht hatte, so gut es eben ging, einen Mann, der seine Hörner abgestossen hatte, der nicht jedem Rockzipfel hinterherlaufen würde. Sie war froh, einen so lieben, älteren Freund haben zu dürfen.»

Wiedersehen mit den Eltern

«Der schwarze Chevrolet fuhr langsam um die Ecke und hielt vor dem Eingang des sehr schönen und grossen Hauses von Anneli und Franz-Xaver, einer ehemaligen Nuntiatur mit geräumigen Zimmern und prächtigen Parkettböden.
Die damals fünfjährige Marie-Thérèse, Mares genannt, und der neunjährige Hansjörg rannten ihren Grosseltern lachend entgegen. Die beiden umarmten sie und alle gingen ins Haus. Die Begrüssung Marguerites fiel seitens ihres Vaters eher kühl aus, im Gegensatz zu jener von Anneli und Franz-Xaver. Mutter Sophie hingegen nahm ihre Tochter in den Arm. Tränen flossen.
Man setzte sich und bald wurde gegessen. Beim Dessert war es dann so weit:
‹Bleib ruhig, mein Kind, es wird alles wieder gut. Glaube daran, wir werden dir schon helfen, darüber hinwegzukommen›, sagte jetzt Mutter Sophie mit ruhiger Stimme. Und Vater Jean fuhr fort:
‹Wir haben uns intensiv mit deinem Problem befasst und werden eine ideale Lösung finden, für dich und dein werdendes Kind!›
Für alle stand ausser Zweifel, dass dieses Kind nie und nimmer abgetrieben werden sollte, sowohl aus religiösen, moralisch-ethischen als auch familiären Gründen. Wenngleich es dem Ansehen der ganzen Familie schaden könnte.
Freilich war klar: Würde man offiziell dazu stehen, dass Tochter Marguerite ein uneheliches Kind hatte, würde dies unter Umständen enorme gesellschaftliche Konsequenzen mit sich ziehen.
Nicht nur die ganze Verwandtschaft und Bekanntschaft würde davon erfahren und sich möglicherweise von der Familie distanzieren. Noch gravierender hätte dies Auswirkungen auf Jeans Beziehungen zur Kirche - immerhin gingen im Hause Cron Bischof und Pfarrherren ein und aus, vornehmlich, wenn für irgendwelche Kirchenanlässe oder -reparaturen Geld benötigt wurde.

Die Nuntiatur in Altdorf. Hier wohnten damals Anneli und Franz-Xaver mit ihren Kindern

Da sassen sie dann im Salon im grossen Sessel mit dem Rücken zur Tür vis-à-vis Jean Cron und baten um einen Obolus. Eines der Kinder musste an der Tür stehen auf das Zeichen des Vaters, seine rechte, auf der Stuhllehne abgestützte Hand warten. Das hiess: Entsprechend der Wichtigkeit des klerikalen Anliegens hob Jean Cron dezent, für sein Gegenüber nicht ersichtlich, einen, zwei, drei, vier oder gar fünf Finger leicht an. Pro angehobenem Finger bedeutete dies jeweils eintausend Franken. Das Kind hatte diesen Vorgang genau zu beobachten, daraufhin den entsprechenden Betrag bei der Mutter einzufordern, in ein Couvert zu stecken und es dem Bittsteller bei dessen Verabschiedung diskret in die Hand zu drücken.
Zudem war Jean in verschiedensten katholischen Organisationen ein geachtetes aktives Mitglied. Grossvater war auch Berater der Baukommission der römisch-katholischen Gemeinde der Stadt Basel, in der Finanzkommission für den St.-Antonius-Kirchenbau, deren Orgelbau- und später der Kirchenbaukommission von Oberdornach und Neu-Allschwil, um nur einige zu nennen. Darüber hinaus war er von 1939 bis 1949 Präsident des Verwaltungsrates der Vincentianum AG in Basel.
Unvorstellbar also, was geschehen würde, wenn all die Leute vom unehelichen Kind seiner Tochter Marguerite erfahren würden. Die grösste Schmach aber würde die Familie erleiden, wenn die uneheliche Geburt öffentlich würde.»
«Aber trotzdem», unterbricht mich Marcel, der inzwischen für uns beide noch eine Flasche Rotwein bestellt hatte, «gerade weil dein Grossvater so einflussreich war, hätte er Mut beweisen, zu seiner Familie, zu seinen Kindern, zu Marguerite stehen sollen. Nur mutige Menschen verändern die Welt. Starke, einflussreiche und in der Gesellschaft angesehene Persönlichkeiten haben es in der Hand, Tabus zu brechen und Veränderungen herbeizuführen.
Da sehe ich auch absolute Parallelen zum Barackendeal mit Deutschland. Es fehlte am Mut, Nein zu sagen. Im Fall deines Grossvaters fehlte es am Mut, dazu zu stehen,

dass seine Tochter ein uneheliches Kind bekommt. Dies bedingt allerdings ein grosses Selbstvertrauen, viel Kraft und Furchtlosigkeit allem und allen gegenüber. Ich bin überzeugt, dass ihn seine Frau, also deine Grossmutter, ganz bestimmt dahingehend vollends unterstützt hätte.

Und du hast in deine Überlegungen eines nicht einbezogen, was deinen Grossvater meiner Meinung nach ebenso abhalten liess, das Thema uneheliches Kind öffentlich zu machen: Seine Beteiligung am Holzsyndikat! In jener Zeit geriet diese Organisation immer mehr unter internen bundeshäuslichen Beschuss. Dein Grossvater nahm vermutlich an, dass diese Problematik ihn erst recht ins Kreuzfeuer der Presse bringen könnte.»

Ich stimme Marcel zu:

«In seiner väterlichen Fürsorge - zumindest aus seiner Warte - entwickelte Jean Cron Tage vor diesem Besuch in Altdorf einen Rettungsplan. Es verblieb nicht mehr viel Zeit, bis das Baby Realität würde. Vor allem musste Marguerite irgendwohin geschickt werden, wo sie mit ihrem Bauch nicht auffiel, obwohl man bestimmt im vierten Monat noch nicht allzu viel sehen konnte, zumal sie von Natur aus nie eine Gertenschlanke war.

Jean Cron war ein Mann, der sich sehr viel für karitative Zwecke engagierte. Ein Jahr zuvor, an der Basler Mustermesse, einer der grössten schweizerischen Ausstellungen, hatte seine Firma wieder einen Ausstellungsstand. Man zeigte Fotos von realisierten Gross- und Kleinbauten, von Schreiner- und Zimmereiarbeiten.

Kurz vor der Eröffnung wurde mein Grossvater zur Messeleitung gebeten und man sagte ihm, es sei ein ganz besonderer Fall eingetreten. Ob er helfen könne: Die Professorin und Besitzerin einer Pouponnière, eines Waisenhauses für Babys und Kleinkinder, zugleich Schule für angehende Kindermädchen in Genf, habe um einen kleinen Ausstellungsstand angefragt. Man hatte sich zu spät angemeldet, nun war nirgends mehr auch nur ein kleinstes Standplätzchen aufzutreiben.

Das Vincentianum in Basel
Jesuitenpater Abbé Josef Joye gründete, unterstützt von Wohltätern, am 14.12.1897 die Vincentianum AG.
In den geänderten Statuten vom Jahr 1943 heisst es u. a.: «Die Gesellschaft betreibt eine Waisenanstalt für katholische Knaben sowie ein Kinderheim und hat allgemein die Rettung und Hebung der Jugend in physischer, kultureller und religiöser Hinsicht zum Zweck.»
Übrigens: Auch der weltberühmte Regisseur und Filmschauspieler Maximilian Schell lebte eine Zeit lang im Vincentianum!
Von 1939 an war Jean Cron jahrelang Präsident der Institution

Mustermesse Basel 1944
Das damalige MUBA-Plakat

Die Organisatoren hatten Glück. Baumeister Cron stellte ohne zu zögern einen Teil seiner Ausstellungsfläche kostenlos zur Verfügung. Zwar war der Standort nicht gerade der zweckmässigste, doch er war besser als keiner.

Schon nach den ersten Tagen erwies sich der kleine, nicht so recht in diese Ausstellungshalle passende Messestand dank der ausgestellten Windeln und sonstigen Kinder- und kutensilien als Publikumserfolg: Die jungen Novizinnen, ‹des Petites Bleues›, wie sie genannt wurden, die engagiert Prospekte verteilten und mit Enthusiasmus auf ihre ‹Pouponnière des Amis de l'Enfance› aufmerksam machten, stiessen auf grosses Interesse. Nach der Mustermesse 1945 dankte die Chefin der Pouponnière, Dr. Barbara Borsinger, Jean Cron mit einer Einladung zu einem Nachtessen und mit dem Hinweis, dass sie, wenn sie mal etwas für ihn und seine Familie tun könne, gerne dazu bereit sei.

Eröffnungstag
Anlässlich der MUBA 1944 lernte Jean Cron die Gründerin und Leiterin der Pouponnière, Dr. Barbara Borsinger, kennen. Dank dieser Verbindung konnte er seine Tochter Marguerite 1945 bei ihr in Genf gut platzieren

An diese zurückliegende Episode erinnerte sich der Patriarch im Vorfeld seines Besuches in Altdorf und nahm Kontakt mit Fräulein Dr. Borsinger auf. Eine idealere Situation konnte man sich gar nicht vorstellen: Marguerite wäre dadurch weit weg von zu Hause. Nur Anneli, Franz-Xaver, Paul und natürlich seine Frau Sophie wussten bisher von der anstehenden Geburt.

Dank dieser idealen Umstände konnte man den anderen Kindern, Verwandten und Bekannten sagen, Marguerite würde eine Ausbildung als Pouponnière absolvieren und könne gleichzeitig ihre Französischkenntnisse aufbessern. Deshalb habe man Genf als idealen Ausbildungsort ausgewählt.

Jean Cron war kein Mann von langen Entscheidungsprozessen: So gedacht, so gehandelt, war seine Devise.

Über diese Problemlösung sprach er nun anlässlich des Besuches in Altdorf mit all den Wissenden. Und jeder wusste, dass dies eigentlich schon beschlossene Sache war. Marguerite war trotz allem grundsätzlich nicht ganz unglücklich über diese Strategie. Sie wusste genau, dass es kein Zurück gab, Walter hatte sie für immer verloren. Und Papa wusste ganz bestimmt aus der für alle Beteiligten misslichen Situation den richtigen Weg.

Auch Mutter Sophie hatte gegen diesen Plan nichts einzuwenden, Anneli ebenfalls nicht. Nur Franz-Xaver meinte, es sei doch ein Gang nach Canossa für Marguerite. Man würde doch bestimmt noch eine akzeptablere und humanere Lösung für Marguerite finden. Man müsse nur suchen.

Doch Vater Jean blieb dabei. Da habe ein Eingeheirateter, auch wenn man ihn möge und er voll und ganz integriert sei, nichts zu sagen. Das sei eine absolut Cron-interne Angelegenheit.

Einige Stunden später steuerte Chauffeur Salvisberg die schwarze Limousine langsam zurück nach Basel. Jean sprach mit seiner Frau Sophie kein Wort mehr über seinen Plan.

Marguerite blieb vorderhand bei Anneli und half, wo sie konnte. Remigi und sie trafen sich auch weiterhin immer

Der «Goldene Schlüssel»
In diesem Restaurant und Hotel aus dem 18. Jahrhundert erzählte Marguerite Remigi von ihrem Kind. Die Terrasse des Hotels wurde 1947 in einen Saal ausgebaut

wieder. Die Beziehung zwischen den beiden wurde intensiver und inniger, dies war natürlich auch Anneli nicht entgangen. Eines Nachmittags, rund zwei Wochen nach dem Besuch der Eltern, rief Anneli Marguerite ans Telefon:
‹Vater ist dran›, sagte sie mit ernster Miene.
‹Was höre ich da?›, schrie er fast in den Hörer: ‹Du möchtest

mit Remigi eine feste Beziehung eingehen? Das kommt nicht in Frage. Zudem hat sich dieser Mann schon an Thesi rangemacht. Jetzt reichts! Ich hätte nicht gedacht, dass du so unmoralisch bist. Hast du denn keinen Anstand? Reicht es denn immer noch nicht, dass du ein Kind von einem fremden Mann bekommst? Und reicht es nicht, dass du unsere Familie damit in den Dreck ziehst?›
Der Tag kam, als Marguerite Remigi über ihre Schwangerschaft aufklären musste.
Im Hotel-Restaurant Goldener Schlüssel an der Schützengasse in Altdorf verabredeten sie sich. Am Hals spürte sie ihren rasant schlagenden Puls. Sie konnte kaum den Kaffee richtig runterschlucken, zumindest bis sie den ersten Satz aus sich herausquälte. Remigi half ihr:
‹Komm, sag, was dich bedrückt. Willst du mir deine Liebe kündigen? Dies wäre schwer zu verkraften, alles andere ist bestimmt nur halb so tragisch.›
Marguerite liess alles heraus, so, wie es sich in all den Wochen des Zusammenseins angestaut hatte. Und sie war überrascht, wie ruhig, ja fast gelassen Remigi alles aufnahm. Er schien alles zu verstehen; ihre Gefühle, ihre Angst, aber auch ihre Hoffnung, mit ihm einen neuen Lebensabschnitt beginnen zu können. Zusammen mit dem Kind.
Für Remigi war die Sache mit dem Kind weiss Gott eine Überraschung. Er machte ihr klar, dass, wenn sie ein richtiges Paar werden würden, er sie mit dem Kind zum Traualtar führte. Er meinte, dass ein Kind für ihn eine grosse Herausforderung sei und er nicht wisse, ob er die Verantwortung übernehmen könne. Mit Kindern habe er keine Erfahrung und zudem sei er immerhin schon ein 45-jähriger Mann. Ein alter Vater!»

Ich gehe fort, um eine Frau zu werden

«Als Marguerite am 7. Mai 1945 unter der Guide des Chauffeurs Salvisberg Richtung Genf fuhr, wurde ihr die Trennung von ihrer Familie erst so richtig bewusst. Vor allem litt sie unter dem Fernsein von Remigi, dem sie gestand: ‹Die Koffer sind schwer, nicht leichter das Adieusagen.› Und kurz vor der Einfahrt in Genf erinnerte sie sich, wie sie bei der Wegfahrt das Fenster runterkurbelte und ihm zurief:
‹Ich gehe fort, um eine Frau zu werden!›
In der Agenda Remigis sind an diesem Tag nur zwei Sätze notiert:

Marguerite reist nach Genf! - Abends leicht besoffen!

Dieser Tag war nicht nur für Marguerites Welt einschneidend, auch politisch war er wortwörtlich weltbewegend: An diesem 7. Mai 1945 erfolgte die Gesamtkapitulation Deutschlands im Hauptquartier des amerikanischen Oberbefehlshabers General Eisenhower in Reims. Da Stalin auf einer Kapitulation in Anwesenheit seiner höchsten Militärs bestand, wurde die Zeremonie am Ort des sowjetischen Oberkommandos in Berlin-Karlshorst am 8. Mai noch einmal vorgenommen. Die Einstellung der Feindseligkeiten wurde für Mitternacht vereinbart.
Irgendwo vor Genf hielt Salvisberg den Wagen an. Beide assen in einem gemütlichen Restaurant was Kleines, dann ging's weiter.
Salvisberg fuhr wie immer gemächlich. An diesem Tag allerdings noch langsamer als sonst, denn der Jubel in der Innenstadt von Genf, die sie durchqueren mussten, war gross: Die Leute tanzten, zündeten Feuerwerk und Musikkapellen spielten. Die Freude war riesig.
Marguerite hingegen sah sich nicht um. Sie starrte zum Fenster hinaus und erfasste das Geschehen um sich herum nicht. Sie hörte auch nicht, als Salvisberg sie mehrmals fragte, ob ihr Genf gefalle.

Bald fuhr der Chauffeur den schwarzen Chevrolet in Richtung Annemasse. Im Quartier Chêne-Bougeries, kurz vor der französischen Grenze, bog er links von der Hauptstrasse in eine kleine Sackgasse ein, den Chemin des Grangettes. Beim Haus Nr. 7 hielt er an und sagte trocken:
‹Marguerite, wir sind da!›
Die Direktorin, Dr. Barbara Borsinger, und Frau de Riederer begrüssten Marguerite, obwohl sie sie nur von zugeschickten Fotos her kannten, wie eine alte Bekannte und führten sie durch den Eingang des grossen Gebäudes in ihr Büro. Sie machten Marguerite einen strengen, aber liebenswürdigen Eindruck. Marguerite war froh, dass sie hier so herzlich aufgenommen wurde.
Barbara Borsinger entstammte einer bekannten Familie aus Baden, die einen guten Draht zu den Schwestern vom Heiligen Kreuz in Menzingen hatte - womit über Umwege auch eine Beziehung zu Jean Cron hergestellt war.

Die Pouponnière um 1945
Blick in den hinteren Garten

Borsinger war eine engagierte Ärztin, die sich für kranke und Waisenkinder einsetzte. Das ergab sich aus der sozialen Krise um 1918 herum.

Damals war die Arbeitslosigkeit enorm, auch im angrenzenden Frankreich. Zudem grassierte in der Region um Annemasse und Genf 1918 die Spanische Grippe epidemischen Ausmasses, an der viele Erwachsene und Kinder erkrankten - und starben. Dadurch gab es ungezählte Waisen.

Borsinger beschloss, die Kranken zu sammeln und gründete eine improvisierte Auffangstation für Waisen und kranke Kinder. Deshalb gründete sie die Institution der ‹Freunde der Kinder›, die ‹Pouponnière des Amis de l'Enfance›.

Somit wurde auch der Grundstein für die ‹Pouponnière et Clinique des Grangettes› gelegt und ‹les Petites Bleues›, der ‹Kleinen Blauen›. Damit sind die jungen Schwestern mit ihren weiss-blauen Uniformen gemeint, zu denen nun auch Marguerite gehörte.

Das Emblem
der «Pouponnière et Clinique des Grangettes»

Folgeseite:
«les petits bleus»
Die Schülerinnen trugen ihre blau-weissen Uniformen und wurden deshalb «die kleinen Blauen» genannt

Das Haus heute
Trotz Renovation hat sich zumindest äusserlich nicht viel verändert

Barbara Borsinger klärte Marguerite auf:
‹Ihr Vater will nicht, dass Sie mit den anderen Auszubildenden in denselben Zimmern schlafen. Wir haben Ihnen deshalb unter dem Dach ein schönes Einzelzimmer eingerichtet.›
Marguerites Dachzimmer war zwar nicht gross, doch besass es alles, was sie benötigte: einen geräumigen Kasten, einen Tisch, zwei Stühle, ein weiches Bett, ein Nachttischchen mit einer kleinen Lampe.
Daneben ein winziges Badezimmer mit einer alten einfachen, aber schönen Badewanne und einem grossen, mit Messing beschlagenen Wasserhahn. Sogar eine Seife fand sich, und auf einem Stuhl lagen zwei fein säuberlich zusammengefaltete Handtücher. Das Zimmer war nicht zu vergleichen mit den verschiedenen Kammern in Luzern.
Gegen zwanzig junge, rund 17-jährige Schülerinnen liessen sich in der Pouponnière ausbilden. Marguerite war weitaus die älteste. Es waren vorwiegend Mädchen aus einfachen Familien. Ihr jugendliches Kichern ging Marguerite schon am ersten Tag auf die Nerven. Trotzdem: Sie musste sich, ob sie wollte oder nicht, mit ihnen arrangieren.
Die Mädchen schliefen in grossen Zimmern, eines neben dem anderen. Da hatte sie Glück. Ihr Vater machte sie zur absolut Privilegierten, nicht nur, was den Schlafraum betraf.
Sie wurde auch verschont, die nicht unerhebliche Menge Geschirr, Schoppenflaschen und Stoffwindeln zu waschen. Diese Sonderbehandlung war von ihrem Vater mit Borsinger im Voraus schriftlich festgelegt worden - und dementsprechend grosszügigst honoriert.
Vor dem Mittagessen wurde Marguerite den Mädchen als neue Mitschülerin präsentiert, mit dem Hinweis, dass sie ihres Alters wegen nicht alle Arbeiten ausführen müsse.
Nach dem Essen führte man Marguerite in die Babyabteilung. Da lagen sie, die kleinen Würmer, schön nebeneinander gereiht, alle in weisse Windeln gepackt. Mit Namenschildchen bestückt weinten oder schliefen sie. Marguerites Herz wurde warm. Sie würde sich wenigstens bei der Betreuung der Kleinen wohl fühlen, und vor allem lernen, wie sie ihr eigenes

Sonnenbad auf dem Balkon
Oben: Hinweis in der Broschüre von 1945 zur Thematik Sonnenbäder:
«(...) Die Sonnenbäder sollten mit der Luftkur kombiniert werden. Sie sind ausgezeichnet für die Bebés, allerdings können sie bei falscher Anwendung zur echten Gefahr werden (...) Kinder, die an Herzkrankheiten oder bestimmten Tuberkulosearten leiden, sollten auf keinen Fall der Sonne ausgesetzt werden (...)»

Kind richtig behandelte. Am Abend, als die Mädchen es sich in dem grossen Aufenthaltsraum gemütlich machten, wurde sie von einer Ordensschwester gerufen. Ganz wenige dieser Schwestern arbeiteten ab und zu als Lehrerinnen in Fachkunde im Haus. Sie führte Marguerite in die Wohnung von Direktorin Dr. Barbara Borsinger. Auch Frau de Riederer war anwesend.

Man bat Marguerite zu sich, liess sie auf einem Stuhl Platz nehmen und bot ihr einen Kaffee an:

‹Wenn Sie Probleme haben, dann kommen Sie zu uns.

Das Schwimmbecken
Es sieht heute noch genauso aus wie 1945

Wir sind jederzeit für Sie da. Wir tun dies gerne, weil Sie eine nette junge Dame sind. Und nicht zuletzt sind wir Ihrem Herrn Papa zutiefst verpflichtet.›

Dann erzählten die beiden abwechslungsweise die Geschichte von der Mustermesse-Ausstellung und wie Marguerites Vater ihnen so grosszügig und uneigennützig geholfen hatte.

Fräulein Borsinger wies darauf hin, dass Marguerite es hier gut haben und am Ende viel Wissenswertes nach Hause mitnehmen werde. Sie könne stolz sein auf diese Ausbildung. Sie müsse aber Sorge tragen, denn das in ihr wachsende Kind dürfe keinerlei Gefahren ausgesetzt werden. Und Frau de Riederer meinte in mütterlichem Ton, Marguerite werde ihrer ganzen Familie bestimmt eine grosse Freude bereiten, wenn das Kind auf der Welt sei. Sie solle sich auf jeden Fall keine Gedanken machen, es würde schon alles so laufen, wie es der liebe Gott beabsichtige ...

Marguerite hatte sich durch ihr Alter, vor allem aber auch durch ihre ausgeprägte Persönlichkeit und natürliche Autorität sofort unter den Mädchen Respekt verschafft.

Die Arbeit gefiel ihr. Sie gewann dadurch auch eine gewisse Distanz zu ihrer Situation, und nicht zuletzt auch zur Familie, obwohl sie ihren Eltern dieses Abschieben nach Genf nicht richtig verzeihen konnte.

Am meisten machte ihr die unerfüllte Liebe zu Walter zu schaffen, dem Vater des werdenden Kindes. Aber ihr wurde auch immer bewusster, dass sie Remigi vermisste. Ihr wurde klar, dass Remigi der ideale Mann für sie wäre. Kein Ersatz für Walter, gewiss, aber ganz bestimmt ein guter Vater und ein guter, lieber Freund.

Gerne hätte sie manchmal mit jemandem darüber geredet, doch die Mädchen im Heim waren alle zu jung und die beiden Leiterinnen hatten einen direkten Draht zu ihrem Vater. Sie konnte ihnen deshalb nicht ihr ganzes Vertrauen schenken.

Vor allem die Nächte waren schlimm, doch sie schaute vorwärts, der Geburt entgegen. In der Schule war sie weitaus die Beste, was natürlich auch gewisse Nachteile mit

Das «Café de la Fontâine» an der Rue de Chêne-Bougeries sieht heute noch sehr ähnlich aus

sich brachte: Hatten Mädchen schulische Probleme, wurde Marguerite zu Rate gezogen. Hatten die Mädchen Heimweh oder manch eine gar Liebeskummer, wurde Marguerite zur Trostmutter.

Die Anzahl der zu betreuenden Kinder hatte inzwischen zugenommen, das Arbeitspensum wurde strenger, was ihr allerdings nicht so sehr viel ausmachte.

Es war ein schöner Sommer. Die grösseren Kinder konnten im kleinen Bassin plantschen.

Damals galt anders als heute die Devise: Die Kinder gehören, wenn immer möglich, an die Sonne, denn die Sonnenstrahlen geben ihnen Kraft und stärken das Immunsystem. Demzufolge

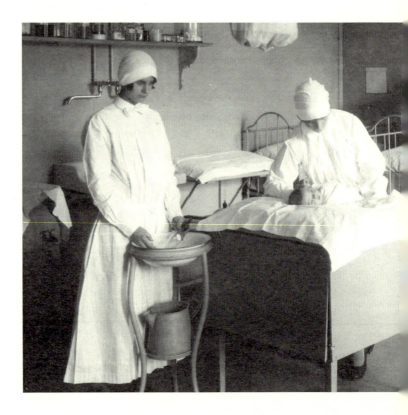

verbrachten die Kleinen täglich viel Zeit an der Sonne. Sie wurden mitsamt den Bettchen auf den langen Balkons auf der hinteren Seite des grossen Gebäudes zum Garten hin der Sonne ausgesetzt.

Die Umgebung des Hauses, die schönen Parks, liessen längere Spaziergänge zu. Mama erinnerte sich Jahre später, dass die jungen Frauen auch viel lachten und ihre wenig bemessene Freizeit genossen.

Ab und zu gingen sie in das nahe gelegene Dorf Chêne-Bougeries. Dort sassen sie dann an der Rue de Chêne-Bougeries 27 im Café de la Fontâine mit den gebogenen Fenstern und dem kleinen Vorplatz, wo man die Menschen beobachten konnte.»

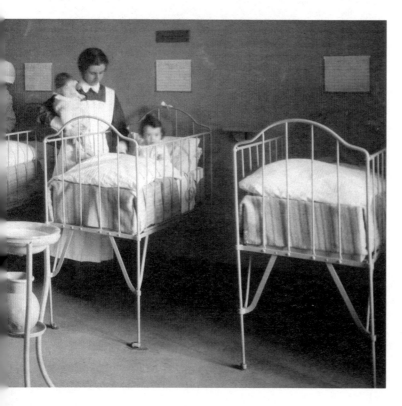

Kinderzimmer
Einer der Räume, in denen die Babys untergebracht waren. Eine Gruppe von Infirmière betreute jeweils ein Zimmer

Der Eingang
der Pouponnière um 1945 (oben).
Der Grundcharakter ist geblieben, einige An- und Umbauten wurden in den letzten Jahren vorgenommen. Die «Clinique des Grangettes» heute (unten)

Kinderschicksale

«Manchmal mussten Marguerite und andere Petites Bleues auch nach dem nahe gelegenen Annemasse über die Grenze. Sie halfen einer befreundeten Pouponnière, die unter der Leitung katholischer Schwestern stand.
Diese Ordensschwestern erinnerten Marguerite an Basel, als oft Nonnen bei ihnen zu Hause zu Besuch waren. Sie hatte Heimweh und Sehnsucht nach Remigi.»
Marcel bringt mich zurück in die Realität mit seiner Frage:
«Wann hatte sie in dieser Zeit Kontakt mit ihrem neuen Freund, dem Remigi? Schliesslich vermisste sie ihn doch sehr.»
Ich hole aus meiner Tasche einen Brief und lege ihn auf den Tisch im Speisewagen:
«Soviel ich herausgefunden habe, hatte Marguerite seit ihrer Ankunft in Genf einige Telefongespräche mit ihrer Mutter. Sonst mit niemandem.
Am 12. Mai 1945, also sechs Tage nach ihrer Abreise von Altdorf, erhielt sie von Remigi den ersten Brief, dem unzählige folgten.

Wenn ich Deinen so lieben Brief richtig verstanden habe, wenn ich ihn imstande bin, so zu erfühlen, wie er geschrieben wurde, dann musst Du mich wohl sehr, sehr lieb haben. Dann erwartest Du auch, nicht heute und morgen, sondern immer, dass diese Liebe bleibt, dann müsstest Du auch wünschen, dass ich Dich auf allen Deinen künftigen Wegen begleiten soll. Du gibst Deinen Worten noch ein besonderes Gewicht im Wunsche zu entscheiden, welche der beiden Freundschaften zur Ehe führen soll. Liebes Margrith, ich glaube nicht, dass ich mich zu entscheiden habe, ich kann mich doch nur darüber freuen, dass Du und Thesi mich lieb haben, und an diese Liebe darf ich doch wohl zu allerletzt irgendeine Forderung knüpfen, sondern nur Hoffnung. Ja, hoffen darf ich, dass trotz Alters- und Herkunftsunterschieden, wohl auch trotz gewissen Charakter- und Lebenseinstellungs-Verschiedenheiten mir Eure gute Gesinnung erhalten bleibt, und dass nach den vielen Monaten der Trennung, die uns bevorstehen, diese Gesinnung durch andere Einwirkungen oder durch

Einwirkung anderer in ihrer heutigen Intensität nicht geschwächt werde. Diese Hoffnung darf ich hegen, aber Entscheidungen liegen nicht bei mir ...

In seinem Brief vom 18. Juli, in Erinnerungen schwelgend, schreibt Remigi unter anderem über das Thema Marguerite und Thesi:

Sommersonne
Auf dem grossen Balkon, kurz vor dem Mittagsschlaf

Es ist eigentümlich. Du kamst mit schwerem Herzen nach Altdorf, um eine Bindung zu lösen und gehst wieder fort, nicht gelösten Herzens, weil unausgesprochen Dein Herz wieder neu gebunden ist.
Ich fühle stark, wie Du, wundersames Kind mich liebst, ich kann trotz aller Seligkeit doch nicht recht froh werden, wenn ich ernstlich an die Zukunft denke - uns trennen Jahre. Aber ehrlich erlebt ist dennoch alles, was ich in diesen Tagen erfühlte - und so wird ein Höherer uns den rechten Weg weisen.
(...) Schon am 8. Mai, am Tag nach Deiner Abreise, sagte Anneli: ‹So Remigi, in wen bist du stärker verliebt, in Marguerite oder Thesi - und mit wem machst du inskünftig deine Preisüberwacher-Kontrollen?› Jetzt wissen wir ja alle Bescheid!

Hitler-Geburtstag
Während sich Marguerite und Remigi im Schächental als Paar zeigen, feiert an diesem 20. April 1945 in Deutschland Hitler seinen 56. Geburtstag. Zehn Tage später, am 30. April, bringt sich Hitler im Bunker um

Remigi war stolz auf Marguerite. Stolz wie die südländischen Machos, wenn sie eine schöne Frau ausführen. In einem weiteren Brief schrieb er:

Am 8. April 45, es war Weisser Sonntag, spazierte ich nach der Messe mit Dir langsam, absichtlich auffällig durchs Dorf. Erinnerst Du Dich der Argusaugen von allen Richtungen?
Im Schächental, o seliges Erinnern, waren wir am 20. April. Ich sehe uns im Geiste durch die Abendsonne heimwärts wandern, Arm in Arm - und die Altdorfer - wie haben sie geschaut mit grossen staunenden Augen, diese Affen!
Dieses Erinnern musste ich heute einfach festhalten, wir beide müssen uns doch herzlich freuen darüber, über alle die Stunden des Leides und des Schmerzes und mehr noch über alle die Freuden. Alles sind Wegzeichen, an denen wir vorbeigegangen sind bis zum gemeinsamen Wege eines wundervollen gemeinsamen Zieles. Ade, ade, Du liebes liebes Wesen Du, Du mein liebes Marguerite.

Aber zurück nach Genf.
Die Aufgabe der Schülerinnen war es auch, in einem geregelten Turnus Grundnahrungsmittel einzukaufen. Dies bedeutete, dass die Verantwortlichen bereits früh aufstehen mussten, um mit Fräulein Dr. Borsinger im Auto zum Einkauf ins nahe gelegene Dorfzentrum von Chêne-Bougeries zu

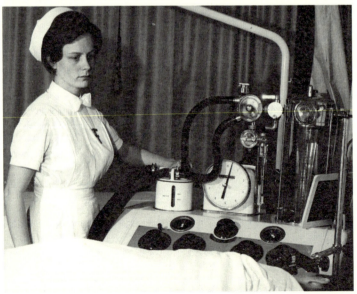

Geburten und Notfälle
In der Pouponnière legte man schon damals grossen Wert auf die modernste Behandlung. Die Schwestern hatten eine breit gefächerte Ausbildung

fahren. Etwa eine Stunde später ging's dann wieder zurück.
Als diese Gruppe eines Morgens in die Pouponnière zurückkehrte und die elegante Einfahrt hinauffuhr bemerkten die Mädchen auf der Treppe ein kleines Bündel. Marguerite stieg als erste aus dem Wagen und lief neugierig hin. Sie ergriff das Bündel. Mit grossem Entsetzen stellte sie fest, dass sich darin ein in Windeln eingewickeltes, friedlich schlafendes Baby befand.
An seinem rechten Ärmchen hing an einer Schnur ein Zettel, auf dem mit ungelenker Handschrift auf Französisch geschrieben stand:

Der Name dieses Kindes ist Catherine. Vor drei Tagen habe ich das Kleine alleine zur Welt gebracht. Ich bin erst 16 Jahre alt und kann ihm keine gute Mutter sein. Sein Vater ist ein französischer Soldat, der nicht weiss, dass er ein Kind hat. Er soll es auch nie erfahren, denn er hat selber eine Familie in Paris. Meine Familie weiss nichts davon. Vater schlägt mich tot, wenn er davon erfährt. Ich weiss, es ist nicht richtig, was ich tue, aber es ist der einzige Ausweg. Hätte ich es lieber umbringen sollen? Ich weiss, dass es bei euch gut aufgehoben ist, und dass Ihr vielleicht eine gute Familie findet.

Für Marguerite war es unglaublich und unverständlich, dass man so etwas tun kann. Das war unmoralisch, ja verwerflich. Auch wenn es begreifliche Gründe dafür geben konnte.
Beim gemeinsamen Abendessen sah sich Frau Borsinger genötigt, dieses Thema nochmals aufs Tapet zu bringen:
‹Was heute passiert ist, ist leider keine Seltenheit. Es ist bei uns in all den Jahren schon oft vorgekommen.›
Im Speisesaal wurde es mäuschenstill.
‹Ihr seid bestürzt, wie die ganze Schulkörperschaft ebenfalls, und vielleicht seid ihr wütend auf diese Mutter, die ihr Kind auf diese Weise weggegeben hat. Doch bedenkt, was es für dieses junge Mädchen bedeutet hat. Es wird bestimmt gelitten haben und noch Jahre, vielleicht sein ganzes Leben lang daran zu leiden haben. Wenngleich es auch Unrecht war, so muss man die familiären Hintergründe mit einbeziehen und

verstehen lernen. Die Quintessenz, die wir daraus ziehen können, ist: Wir werden uns der kleinen Catherine, wie all den anderen uns anvertrauten Kindern ebenfalls, intensiv widmen und sie in unsere Gemeinschaft mit grosser Freude und Hingabe integrieren. Selbstverständlich wird ihr neues Heim unsere Pouponnière sein, zumindest bis die Kleine einige Jahre alt ist. Dann werden wir weitersehen, ob wir für Catherine Adoptiveltern finden. Das Kind braucht eine Bezugsperson. Die Schulleitung hat sich entschieden, dass Marguerite sich des Kindes annehmen soll, vorausgesetzt, sie möchte es.›
Marguerite nickte.
Selten war es im Speisesaal so ruhig wie an diesem Abend. Obwohl diese Begebenheit extrem kitschig klingt, lasse ich sie nicht weg. Sie gehört zum Bild meiner Mutter und zu ihrer Geschichte. Sie ist ein Teil davon. Und sie ist nicht das einzige Intermezzo dieses Genres ... Natürlich realisierte Marguerite

Gruppen-Druck
Blechtöpfe für die Kleinen

die taktische Absicht, die Professorin Borsinger damit verfolgte, doch sie war ihr dankbar dafür. Trotzdem erhielt sie von Frau Borsinger noch nachts Besuch. Sie bezog sich in ihrem Gespräch vor allem darauf, dass Marguerite sich, im Gegensatz zur jungen Mutter von Catherine, glücklich schätzen könne, verständige Eltern zu haben, die sich ganz bestimmt nach der Geburt um ihr Kind kümmern würden wie normale Grosseltern.

Dazu liess sie einen Gruss von Marguerites Eltern ausrichten, sie habe heute mit ihnen gesprochen und ihnen erzählt, dass sie ihr als Schülerin und als Mensch grosse Freude bereite und sie bestimmt eine sehr gute Mutter würde.

Weiter meinte Fräulein Borsinger, Marguerite sei nun über den gröbsten Sorgenberg hinweg und könne wöchentlich einmal zu Hause anrufen, man würde sich darüber bestimmt freuen. Dann verabschiedete sie sich in mütterlich-strengem Ton von ihr.»

Der Graf

«Ende Juli 1945 wurde allen Schülerinnen mitgeteilt, es käme ein wichtiger Besuch. Man solle sich ganz besonders Mühe geben - in allen Dingen. Marguerite stand zufällig gerade am Fenster, als eine grosse Limousine vorfuhr. Der Chauffeur öffnete die hintere Tür, heraus trat ein äusserst eleganter, graumelierter, vornehmer Herr. Er hob ein etwa vierjähriges Kind aus dem Wagen und schritt später mit ihm an der Hand ins Haus. Marguerite fiel auf, dass keine Frau dabei war und spürte intuitiv eine intensive Beziehung zwischen diesem Mann und dem Kind.
Später begegnete Marguerite den beiden in Begleitung von Frau Borsinger, die den vornehmen Gast hofierend in eines der Zimmer brachte, wo sich die älteren Kinder aufhielten. Das Kleine schrie. Als Marguerite grüssend vorbei ging, hörte das Kind auf zu weinen. Der Mann schaute sich nach Marguerite um und sprach dann eingehend mit Frau Borsinger.
Als Marguerite mit Windeln im Arm zurückkam, wurde sie von der Leiterin angehalten.
‹Das ist Marguerite, unsere älteste Schülerin. Marguerite, das ist Graf Dominik de Montpassant›, sagte sie in vornehmem Ton.
Der elegante Graf streckte Marguerite freundlich lächelnd seine Hand entgegen und sagte in äusserst gewähltem Französisch:
‹Ich freue mich, Sie kennenzulernen, Mademoiselle. Bitte entschuldigen Sie, wenn ich Sie aufhalte, aber mir ist aufgefallen, dass mein Patrique sehr positiv auf Sie reagiert hat. Patrique hat das Downsyndrom und benötigt ganz besondere Zuwendung. Er ist ein aussergewöhnlich sensibler, aber auch kein besonders einfacher Junge. Ich wäre Ihnen sehr dankbar, wenn Sie sich um ihn kümmern könnten.›
Der kleine Patrique war tatsächlich ein hochgradig empfindsames, aber auch enorm schwieriges Kind, das vor allem während der ersten Tage seines Aufenthaltes sehr oft

weinte. Bald einmal wurde Patrique zum Schrecken aller Schülerinnen, die sich wirklich grosse Mühe mit ihm gaben. Marguerite war die Ausnahme: Sie schaffte es, anfänglich mit Zureden, dann aber schon allein durch ihr Erscheinen, den Kleinen zu besänftigen. Dieser Umstand führte rasch dazu, dass sich die Schulleitung entschied, Marguerite solle sich eine gewisse Zeit lang ausschliesslich mit dem kleinen Patrique beschäftigen, was sie auch gerne tat.

Mit der Zeit akzeptierte der Junge nur noch in Ausnahmesituationen andere Schwesterschülerinnen, sie konnten sich noch so grosse Mühe geben. Patrique entwickelte inzwischen, neben einigen wenigen Worten, eine eigene Sprache, die Marguerite zu verstehen wusste. Dieser Umstand verband die beiden noch enger, so dass die Gefahr einer totalen Abhängigkeit bestand.

Wenige Wochen später wurde Marguerite ins Büro zitiert. Man eröffnete ihr, dass Graf de Montpassant in zwei Tagen der Schule einen Besuch abstatte, nicht zuletzt, um mit Marguerite zu reden. Über den Inhalt des geplanten Gesprächs wollten die beiden Damen nichts sagen. Man deutete jedoch an, er sei über Marguerites Einfühlungsvermögen und Engagement seinem einzigen Kind gegenüber hoch erfreut und werde sich bestimmt auch erkenntlich zeigen. Marguerite war gespannt auf den Besuch.

Anfang August war es dann so weit: Der Graf kam und wurde von einigen Schülerinnen, die sein Ankommen hinter den Fenstergardinen interessiert beobachteten, mit verklärten Blicken verfolgt. Man hatte vernommen, er würde sich vor allem mit Marguerite unterhalten wollen, was einige schon Tage zuvor zu kleinen eifersüchtigen und spitzen Bemerkungen verleitete.

Marguerite wurde wieder zu Frau Dr. Borsinger beordert. Im eleganten Salon machte die Ärztin Marguerite voller Stolz klar, dass ihr nun eine wichtige Entscheidung bevorstünde. Sie habe sich auch schon telefonisch mit ihren Eltern abgesprochen. Vater und Mutter seien beide der Ansicht, dass es ganz allein ihre Entscheidung sei, sie hätte auf jeden Fall

den Segen beider Eltern. Mehr sagte Frau Borsinger nicht, sie überliess alles andere dem Grafen, der nun von Frau de Riederer in den Raum begleitet wurde. Der Graf erkundigte sich zuerst nach seinem Sohn, den er kurz vorher gesehen hatte und der auf ihn einen ausserordentlich frohen Eindruck gemacht hatte. Nach einigen Minuten kam er zur Sache:
‹Wissen Sie, ich bin seit der Geburt meines einzigen Kindes, eben Patriques, Witwer; meine Frau ist bei seiner Geburt gestorben. Ich wohne seitdem alleine in meinem Schloss in Frankreich, ganz in der Nähe von Genf. Ich habe meinen Sohn deshalb hierher gebracht, weil ich der Überzeugung war, er sei hier gut aufgehoben. Ihnen, Mademoiselle, ist es - wie mir die beiden Leiterinnen versicherten - gelungen, meiner Vermutung Recht zu tragen. Ich danke Ihnen sehr dafür. Sie können sich bestimmt vorstellen, dass mir das Wohlergehen Patriques das Wichtigste ist, und weil ich ihn sehr liebe, möchte ich ihn wieder in meiner Nähe haben.›
Der Graf schaute bei diesen Worten Marguerite tief in die Augen:
‹Sie haben, so sagte man mir einhellig›, fuhr er fort, ‹bereits ein umfassendes Wissen und inzwischen so viel praktische Erfahrung, dass Sie bestimmt schon vor dem offiziellen Ende Ihre Ausbildung abschliessen könnten. Und vor allem, Sie sind die Einzige, die mein Sohn ins Herz geschlossen hat und die mit ihm und seiner Behinderung umgehen kann.›
Er stockte und bot Marguerite einen Kaffee an, den die Direktorin für dieses Gespräch vorbereitet hatte. Die beiden rührten verlegen den Zucker um, bis der Graf endlich all seinen Mut zusammennahm und fragte:
‹Mademoiselle Cron, wären Sie bereit, auf meinem Schloss für mein Kind zu sorgen?›
Bevor Marguerite eine Reaktion zeigen oder gar eine Antwort geben konnte, redete er weiter:
‹Sie würden mir und meinem Jungen einen ganz grossen Gefallen tun. Ich habe schon seit geraumer Zeit mit den beiden Damen der Pouponnière Kontakt aufgenommen und ihnen diesen Vorschlag unterbreitet. Marguerite, Sie

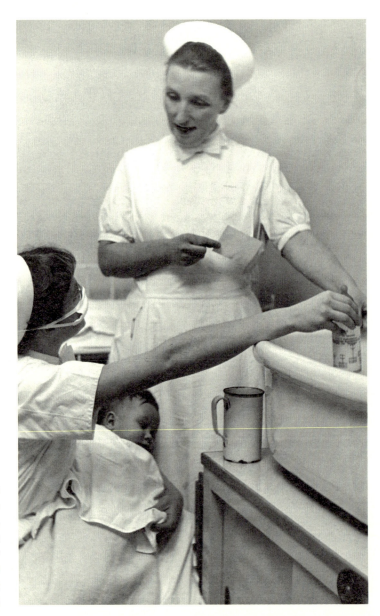

Fachgespräch
Frau Dr. Borsinger im Gespräch mit einer Schwester. «Die Fräulein Doktor hatte alles unter Kontrolle. Sie war sehr streng, aber gerecht!» (Aussage einer ehemaligen Angestellten)

würden auch das Diplom erhalten, denn die Zeit bei mir und meinem Sohn würde als Praktikum angerechnet, so dass Sie diesbezüglich keine Probleme hätten. Was meinen Sie, Mademoiselle?›
Marguerite war überrascht. Und sie fühlte sich geehrt.
‹Sie müssen sich heute noch nicht entscheiden. Ich weiss, ein solches Verdikt braucht Zeit. Deshalb schlage ich vor, dass Sie sich bis morgen früh Zeit nehmen, um zu entscheiden. Einverstanden?›
Marguerite konnte nur mit dem Kopf nicken.
Diese Nacht war wieder eine der schlimmen für Marguerite: Abgesehen von ihrem Liebeskummer und dem Umstand, dass sie bald ihr eigenes Kind bekommen würde, bekam sie nun ein solch lukratives Angebot. Sie überlegte hin und her. Wer wohl würde eine solche Chance in den Wind schlagen? Würde sie sich auf dem Schloss nicht einsam fühlen?
Tags darauf rief sie zu Hause an. Ihre Mutter hatte bereits durch die Ärztin davon erfahren, aber man wollte nicht eingreifen, wollte Marguerite die Entscheidung alleine überlassen.
Und noch etwas wurde bei diesem Gespräch von Basel so fast en passant erwähnt: Marguerites Mutter eröffnete ihr auf Wunsch des Vaters, dass an Maria Himmelfahrt 1945 die offizielle Verlobung zwischen ihr und Remigi bekannt gegeben und gefeiert werde.»
Marcel hatte nun wirklich lange zugehört, ohne mich zu unterbrechen. Jetzt lacht er:
«Und wie hat deine Mama reagiert?»
«Sie erzählte mir, dass sie sich setzen musste und einige Sekunden kein Wort mehr herausgebracht habe. Aber was konnte sie schon dagegen tun? Sie hatte keine Chance, sich zu wehren. Nach dieser Eröffnung aus Basel musste sie unbedingt Remigi davon in Kenntnis setzen. Sie erreichte ihn telefonisch in seinem Büro. Er hörte ihr zu, ohne sie zu unterbrechen. Dann sagte er:
‹Ich habe vor einer halben Stunde von diesem Plan erfahren. Ich finde keine Worte, dir zu sagen, wie mich dieser Umgang

mit dir - und nicht zuletzt ja auch mit mir - befremdet, ja schockiert. Du allein musst nun entscheiden, wie und ob es mit uns weitergehen soll. In deinem letzten Brief hast du mir geschrieben, dass du mit mir und dem bald geborenen Kind eine Familie gründen möchtest. Wenn du willst, könnten wir auch weit weg von deiner Familie leben. Frankreich beispielsweise wäre kein Hindernis. Ich komme zu dir, wo immer du bist!›

Marguerite war froh, dass sie auf Remigi zählen und ihm vertrauen konnte.

Tags darauf kam der Graf vorbei und erwartete Marguerites Antwort. Sie teilte ihm mit, dass sie grundsätzlich gerne zu ihm ins Schloss gekommen wäre, sich aber trotz allem gegen seinen Vorschlag entschieden habe, wenngleich auch schweren Herzens.

Der Graf war zwar enttäuscht, er überreichte ihr trotzdem ein kleines, aber teures Geschenk, eine goldene Kette, als Erinnerung an ihn und den kleinen Patrique, und vor allem als Dank für Marguerites Aufopferung. Sie war gerührt, doch sie blieb bei ihrem Entschluss. Sie musste kein schlechtes Gewissen haben. Am Ende des Gesprächs gab ihr der Graf seine Karte mit den Worten:

‹Mademoiselle Cron, ich wünsche Ihnen von ganzem Herzen alles Liebe und Gute. Ich bin sicher, dass Sie Ihren Weg machen werden. Und, falls Sie irgendwann Lust haben sollten, Patrique und mich zu besuchen, oder wenn Sie es sich später aus irgendwelchen Gründen anders überlegen, sind Sie bei uns immer ganz herzlich willkommen - auch in fünfzig Jahren noch.›

Dabei lächelte er sanft und traurig, aber Marguerite wusste, es war sehr ernst gemeint.

Diesem Entscheid lag vor allem die Familie in Basel zu Grunde. Marguerite konnte sich nicht vorstellen, weit weg von ihren Geschwistern und Eltern zu leben.

Die Verlobung fand, wie man ja annehmen konnte, im allerengsten Familienkreise statt. Remigi musste wohl oder übel dieses Spiel mitspielen, obgleich es ihm höchst zuwider war. Doch letztlich schweissten diese Konstellationen die beiden nur noch mehr zusammen. Marguerite erhielt ihre Verlobungskarte nach Genf zugeschickt. Als Wohnort war bei Remigi Altdorf angegeben - er wohnte schon lange zur Untermiete an der Bahnhofstrasse beim bekannten Heraldiker Albert - Bärti - Huber und dessen Familie. Bei Marguerite war die Adresse ihrer Eltern, Colmarstrasse 40 in Basel, angeführt.»

Im Maison de la Tour

«In der zweiten Septemberwoche 1945 war es so weit: Marguerite musste sich von der Schule und ihren Petites Bleues verabschieden. Es fiel ihr nicht leicht, doch sie spürte selbst, dass die Zeit gekommen war, an ihr eigenes Kind zu denken.
Ohne Wissen seiner Tochter Marguerite hatte Jean Cron mit Frau Dr. Borsinger nach einem optimalen Weg gesucht. Marguerite sollte den letzten Monat vor der Geburt aus taktischen Überlegungen in der Umgebung Genfs verbringen. Das Ziel stand schon lange fest. Darüber aber wurde Marguerite im Vorfeld nicht informiert.
Man gab ihr bekannt, dass sie im Maison de la Tour ihre nächste Zeit verbringen werde, so, wie es ihres Vaters Wunsch war. Marguerite wusste, dass ein Protestieren zwecklos war, also fügte sie sich auch diesem Vorschlag bedingungslos, obwohl sie sich unter dem Namen ‹Maison de la Tour› nichts vorstellen konnte.
Marguerite packte ihre Habseligkeiten zusammen. Dann stand dieses Häufchen Elend vor dem eleganten Eingang der Pouponnière. Dr. Borsinger kam zu ihr:
‹Meine Liebe, nun ist es also so weit. Steigen Sie ein. Ich fahre Sie an einen Ort, der Ihnen bestimmt gefallen wird. Es leben dort viele ältere Damen, die Sie ganz bestimmt herzlich aufnehmen werden. Aber Sie müssen wissen: Offizieller Aufenthaltsort ist immer noch unsere Pouponnière!›
Die Fahrt mit dem Wagen Madame Borsingers dauerte über eine Stunde.
Man fuhr auf teils noch nicht geteerter Strasse am Ufer des Genfersees entlang, am Parc des Eau-Vives, an Villen begüterter Genfer und prominenter Ausländer vorbei, durch Vésenaz und das kleine Örtchen Colonge, bis man nach 16 Kilometern Fahrt schliesslich in Hermance, einem direkt an der französischen Grenze zu Evian gelegenen Dorf, angekommen war. Das Dorf liegt direkt am See und ist ein von vielen Touristen besuchter Ort.

La Tour
Das Maison de la Tour erhielt diesen Namen dank dem 404 Meter über Meer gelegenen runden Turm aus dem 13. Jahrhundert, der in der schönen Gartenanlage steht

Marguerite gefiel die Gegend, aber was würde sie hier erwarten?
‹Sie werden sich hier wohl fühlen›, sagte Borsinger.
‹Ihr Vater weiss, was sich für seine Tochter gehört.›
Er bezahlt auch genug dafür, dachte sich Marguerite und war äusserst empört darüber, wie sich die Professorin permanent in ihre privaten Dinge einmischen konnte.
Das Maison de la Tour trug diesen Namen wegen des 404 Meter über Meer gelegenen runden Turmes aus dem 13. Jahrhundert. Er steht im gross angelegten Garten des Hauses, damals schon eine Stiftung für ‹de convalescences et de soins›, ein Heim für betuchte Frauen.
Der Wagen hielt an der Rue du Couchant Nummer 15. Wie es sich - zumindest für Fräulein Borsinger - gehörte, blieb sie im Auto sitzen und hupte. Kurz darauf erschien auf der Treppe ein junger Mann, öffnete die Wagentür und Barbara Borsinger stieg würdevoll aus.
Das Entrée des Maison de la Tour war elegant und trotzdem strahlte das Interieur eine gewisse Wohnlichkeit, ja Gemütlichkeit aus.
‹Meine liebe kleine Baslerin. Ich habe schon sehr viel von Ihnen gehört. Ich freue mich, dass Sie bei uns die wenigen Wochen verbringen, bis Sie ihr Bébé zur Welt bringen werden. Ich bin überzeugt, dass Sie sich bei uns wohl fühlen. Wir tun unser Bestes, Ihnen Ihre Wünsche zu erfüllen›, sagte die freundliche Leiterin der Institution. Marguerite musste innerlich lächeln.
‹Kommen Sie, ich zeige Ihnen das Haus und Ihr Zimmer. Bestimmt möchten Sie sich frischmachen›, sagte sie, während Marguerites Gepäck auf ihr Zimmer gebracht wurde.
‹Hier ist Ihr Zimmer, junges Fräulein. Es ist zwar bescheiden, aber bestimmt werden Sie sich wohl fühlen. Ich habe extra darauf geachtet, dass Sie ein Zimmer mit Balkon bekommen, so wie es Ihr Vater gewünscht hat›, sagte Madame stolz und beobachtete dabei die Reaktion Marguerites. Fräulein Borsinger verabschiedete sich bei Marguerite und wünschte ihr eine gute Zeit im Maison de la Tour. Wenn es so weit sei, käme sie sie dann holen.

Das «Maison de la Tour»
Das Haus ist heute eine Stiftung für «de convalescences et de soins». Hier verbrachte Marguerite die letzten Wochen vor der Geburt ihres Kindes

Beim Abendessen machte der Speisesaal dem Namen des Hauses alle Ehre: Es waren vorwiegend ältere Damen, die das junge Fräulein aus Basel genau beobachteten. Man lächelte ihr freundlich zu. Marguerite kam sich vor wie die afrikanischen Familien und Tänzer hinter Gittern, die man bis 1930 im Zoologischen Garten in Basel begaffen konnte, und die sich ebenso nicht wohl fühlten in ihrer schwarzen Haut, welche sie unter dem Begriff ‹praktische Völkerkunde› buchstäblich zu Markte tragen mussten.

Madame hielt eine kurze Ansprache, sagte, dass sich Marguerite hier mehrere Wochen aufhalten würde, bis es so

Hermance
Das Dorf liegt direkt an der französischen Grenze zu Evian, rund 16 Kilometer vom Zentrum Genfs entfernt

weit sei. Am Ende klatschten alle. Dann wurde Marguerite ein Platz zugewiesen. Links von ihr sass eine kleine, etwas zusammengeschrumpfte Dame aus Genf, rechts von ihr eine grossgewachsene Zürcherin, die sofort mit Marguerite zu reden begann.
Das sind also meine zukünftigen Tischnachbarinnen, dachte sie sich, während man den ersten Gang servierte.
‹Na›, meldete sich die wohl älteste Dame dieser gepflegten Runde zu Wort, ‹zappelt das Kleine schon?›
Sie hielt Marguerite ihr Glas hin, deutete ein Prost an und lächelte.

‹Ja, Madame, es zappelt schon mächtig›, entgegnete Marguerite lächelnd. ‹Oh, la petite Mademoiselle spürt das Kindchen schon, hört ihr?›, rief sie unüberhörbar und entzückt.

Marguerite versank förmlich im neuen Bett – im doppelten Sinne, denn einerseits war sie todmüde, ja geradezu erschöpft von den neuen Eindrücken, der neuen Umgebung, den geschwätzig-schnatternden Damen. Andererseits glich das Bett bezüglich Bequemlichkeit eher einer Hängematte als einem wirklichen Bett. In dieser Nacht schlief Marguerite sofort ein.

Am Morgen darauf erinnerte sie sich an keinen Traum, was selten war, schliesslich träumte Marguerite regelmässig.

Die Zeit mochte nicht verstreichen, Marguerite zählte oft die Stunden zwischen dem Erwachen und dem Nachtessen. Ständig wurde sie von den Frauen bestürmt und umhätschelt, was zwar ehrlich gemeint, aber für Marguerite oft auch anstrengend war.

Fast täglich schrieb sie einen Brief an Remigi – und erhielt einen zurück. An Walter dachte sie immer seltener.

Jetzt konzentrierte sie sich auf die Zukunft mit ihrem Kind und Remigi. Zwei Wochen nach ihrem Aufenthalt im Maison de la Tour rief ihre Mutter aus Basel an. Marguerite freute sich darüber.

‹Wir denken jeden Tag an dich, auch Papa. Gerade er freut sich sehr auf das Enkelkind.›

Anfang Oktober gab es ein bisschen Freiheit. Marguerite durfte alleine mit dem Bus nach Genf fahren und hatte so einen ganzen Nachmittag für sich. Diesen Umstand genoss sie ausserordentlich. Sie schlenderte auf der Promenade du Lac entlang. Am Boden lagen die ersten farbigen Herbstblätter. Auf der gegenüberliegenden Seeseite flanierte sie am Quai du Montblanc. Sie ertappte sich dabei, wie sie Müttern mit Kinderwagen und kleinen Kindern nachschaute. Bald würde auch sie so spazierengehen können.

Anschliessend besuchte sie die wunderschöne Kathedrale. Dort setzte sie sich auf eine Bank und betete, dass bei der

Geburt alles gut gehen möge. Und sie betete darum, dass dieser grosse Spuk bald ein Ende haben würde.

Dann ging sie ins Kino. Das war aussergewöhnlich, denn nur in dieser Stadt und in Zürich gab es manchmal auch mittags Vorstellungen. Wie immer begannen die Programme erst mal mit der Wochenschau. Marguerite sah schreckliche Bilder, Rückschauen auf das Kriegsende - mit Szenen von Auschwitz und anderen Konzentrationslagern.

Erst jetzt wurden die Auswirkungen der deutschen Kriegsherrschaft richtig fassbar. Aber auch die Vernichtung der deutschen Städte und damit die schlimme Zeit für die deutschen Menschen. Marguerite hatte Mühe, sich diese schrecklichen Bilder anzusehen. Zum Glück kam bald der Hauptfilm.»

Annemasse

«Im Sausewind kam sie angefahren, mit ihrem Auto, die Professorin der Pouponnière. Und fröhlich begrüsste sie Marguerite, die sich gerade in der Bibliothek befand.
‹Heute Mittag werde ich Sie zum Gynäkologen bringen, denn es ist nun wichtig zu wissen, wie es gesundheitlich um Sie und Ihr Kind steht›, plauderte Fräulein Borsinger ganz aufgestellt. Doch als sie Marguerites ausdruckslose Miene sah, fügte sie ihrem Satz mit klarem Ton bei:
‹Das ist auch die Meinung Ihres Vaters.›
Damit war alles klar. Marguerite musste mitgehen, ob sie wollte oder nicht.
Die Untersuchung bei dem nicht unsympathischen Gynäkologen verlief problemlos:
‹Mademoiselle, Ihr Gesundheitszustand ist sehr gut. Allerdings sollten Sie vermehrt auf die Einnahme von Vitaminen achten, das ist sehr wichtig für Sie. Und Sie sollten unbedingt fröhlicher sein, meine Liebe. Das ist gut für Ihr Kind, es spürt ganz deutlich, wie der psychische Zustand seiner Mutter ist. Ihrem Kind geht es sehr gut, Sie brauchen sich diesbezüglich keine Sorgen zu machen, auch die Geburt wird voraussichtlich problemlos verlaufen. Sie werden am 20. Oktober bei der Hebamme eintreffen, ich rechne mit der Geburt zwischen dem 20. und dem 25. Oktober.›
Sie war froh ob dieser guten Botschaft.
Marguerite wurde es mit der Zeit recht langweilig im Maison de la Tour, obwohl alle wirklich nett und zuvorkommend mit ihr waren. Aber inzwischen hatte sie fast schon die gesamte Bibliothek durchgelesen. Was konnte man sonst schon machen ...
Es war ein sonniger Herbsttag, gegen neun Uhr morgens, als die Professorin Borsinger beim Maison de la Tour vorfuhr. Jetzt war es also so weit. Marguerite verabschiedete sich bei den Damen und den Angestellten des Maison de la Tour.
Fräulein Borsinger sprach auf der Fahrt nur Belangloses. Als sie an der Rue de Chêne-Bougeries nicht zur Pouponnière

einbogen, fragte Marguerite nach dem Grund. Borsinger musste nun Farbe bekennen:
‹Marguerite, Sie werden Ihr Kind nicht hier, sondern bei einer Hebamme in Annemasse bekommen.›
Das war ein Schlag ins Gesicht!
‹Weshalb muss ich in Annemasse, in Frankreich gebären? Bei Ihnen in der Pouponnière ist man modern eingerichtet, hat für Notfälle die gut ausgebildeten Fachleute parat.›
Marguerite spürte, dass es Fräulein Borsinger unangenehm war, solche Fragen beantworten zu müssen.
Die Situation im fahrenden Auto war jedoch für beide Seiten ideal: Marguerite konnte Fräulein Borsinger zu Antworten zwingen - und die Professorin musste Marguerite während des Gesprächs nicht in die Augen sehen.
‹Sie möchten ja auch, dass in Basel nicht alle Leute wissen, dass Sie ein uneheliches Kind geboren haben!›
Marguerite schaute sie verdutzt an:
‹Warum sollten dies alle Leute wissen?›
‹Weil jede Geburt in der Schweiz im jeweiligen Amtsblatt des Wohnorts der Mutter veröffentlicht wird. Darin wird auch der Vater erwähnt. Wenn das Kind unehelich geboren ist, steht dies ebenfalls drin.›
Marguerite wagte Fräulein Borsinger nicht anzuschauen. Sie wollte nicht, dass sie ihre Tränen sah.
Da war sie also, die grosse Offenbarung. Folglich war dies der Grund, weshalb sie offiziell nach Genf musste. Die Pouponnière war letztlich nur ein guter Vorwand, um direkt ins nahe gelegene Frankreich ausweichen zu können, um eben diesen Eintrag im Amtsblatt zu umgehen. Da steckte reine Strategie dahinter! Marguerite war masslos enttäuscht von allen, von ihren Eltern, von der Professorin.
An der Grenze zu Frankreich angekommen, wollte niemand die Pässe sehen. Ein junger französischer Zöllner rief gar:
‹Bonjour, Madame la Professeur›, winkte und liess den Wagen durch. Das Dorf Annemasse war nicht gross. Zielstrebig fuhr Fräulein Borsinger die Limousine die Hauptstrasse entlang und hielt vor einer Lingerie.

Zwei junge Frauen kamen, begrüssten sie und Marguerite und luden die Körbe mit der dreckigen Wäsche aus, die Borsinger vor der Reise nach dem Maison de la Tour in den Kofferraum hatte verstauen lassen:
‹Die frische Wäsche hole ich morgen oder übermorgen ab›, sagte sie dezidiert zu den Frauen und schon fuhr sie weiter in eine Seitengasse und hielt vor einem unscheinbaren, alten Haus.
‹Hier wohnt die Hebamme. Seien Sie bitte nett zu ihr. Wir können froh sein, dass sie uns hilft. Ihr Vater muss dafür sehr viel Geld bezahlen.›
Das war alles, was sie sagte, während sie ausstieg und Marguerite bedeutete, nachzukommen.
Das Treppenhaus schien nicht gerade einladend. Im zweiten Stock angekommen, wartete eine gut gebaute Frau in den Fünfzigern, die rechte Hand am Türpfosten abgestützt, als wollte sie keinen ungebetenen Gast durch die Tür lassen. Sie rief, während die beiden die letzten Stufen erklommen:
‹Ah, Madame Borsinger und die kleine Dame aus Basel. Herzlich willkommen!›
Dabei drehte sie sich seitlich weg, machte mit der Hand eine einladende Geste, so dass die beiden durch den langen dunklen Korridor in die Wohnung schreiten konnten. Und schon standen sie in einem Raum, in dessen Mitte sich eine Art Spitalbett fand.
‹Hier habe ich alles für die Geburt Ihres Kleinen parat. Das Kindchen kann jederzeit kommen›, sagte sie lächelnd zu Marguerite und schob dabei ihre Brille über die Nasenspitze, so dass der Nasenbogen der Brille zwischen den auffallend grossen Naselöchern und der Oberlippe platziert war.
Mein Gott, dachte Marguerite, unter solchen Umständen muss mein Kind zur Welt kommen, nur weil es niemand offiziell wissen darf.
Fräulein Borsinger sagte keinen Ton. Stumm lief sie hinter der Hebamme her, die den beiden nun sichtlich stolz das Schlafzimmer zeigte, in dem Marguerite vor und nach der Geburt wohnen sollte. Dieser Raum machte einen

Das Rathaus von Annemasse
heute. Die Stadt Annemasse war ideal gelegen für das Vorhaben Jean Crons, das aber ohne Hilfe von Dr. Barbara Borsinger nicht gelungen wäre

einladenden Eindruck. Die Wände waren hell, wenngleich an einigen Stellen die Farbe abgeblättert war. Die Bettwäsche schien frisch gewaschen und gebügelt zu sein.
‹Hier habe ich schon mehrere Kinder auf die Welt gebracht›, lachte die Hebamme stolz. ‹Es wird schon alles gut gehen!›, meinte sie besänftigend.
‹Was ist, wenn es Komplikationen gibt? Ist ein Arzt dabei?›, getraute sich Marguerite zu fragen.
‹Ach›, antwortete die Hebamme sichtlich in ihrem Berufsstolz verletzt, ‹ach, da machen Sie sich keine Sorgen. Bei mir war noch nie ein Arzt nötig. Ihr Kind ist das vierhundertste, das ich komplikationslos zur Welt bringen werde. Und im schlimmsten Fall kenne ich den Doktor, der sie untersucht hat. Er wohnt nicht weit weg von hier.›
Fräulein Borsinger ergänzte:
‹Ich habe Vertrauen zu Madame Rochet!›
Die Hebamme lächelte zufrieden. Für sie schien die Welt wieder in Ordnung zu sein, wenn gar die Professorin ihre Fähigkeiten zu schätzen schien.
Im Verlauf des Besuches zeigte sich die Hebamme immer mehr als verständnisvolle Frau. Am selben Tag rief Marguerites Mutter aus Basel an.
Noch Jahre später war Mama stolz darauf, dass man seitens der Crons einen Anruf nach Annemasse organisieren konnte, denn auch Monate nach dem Krieg waren internationale Telefongespräche nur durch grossen Aufwand möglich.
Am zweiten Tag, dem 21. Oktober, überbrachte ihr im Laufe des Nachmittags Dr. Borsinger persönlich einen kleinen Brief ihres Vaters. Borsinger war kurz angebunden, die Arbeit riefe, entschuldigte sie sich und fuhr wieder zurück nach Genf.
Die Zeilen aus Basel las Marguerite mehrere Male:

Liebes Marguerite,
So ist denn die lang ersehnte schöne Stunde für Dich gekommen, wo Du Dich neu wieder bewähren und stark zeigen musst. Was allen werdenden Müttern beschieden sein wird, ist nach einer doppelt schönen gesegneten Zeit an Dich jetzt herangetreten. Du wirst, so Gott will, unserem lieben,

lieben Kindlein, einem Kindlein mit unsterblicher Liebe das Leben schenken dürfen. Wir sind froh mit Dir, dass diese Zeit des Wartens und Bangens nun bald vorbei sein wird. Gott sei Lob und Dank! Wie soll das Kindlein heissen?
Wie ich Dir früher gesagt habe, glauben wir, man sollte erstens den Namen Monique oder Augustin geben. Vielleicht ginge auch François, aber auf keinen Fall ein Name, der schon in unserer Familie ist. Aus verschiedenen Gründen würden wir davon abraten.
Wir werden jetzt schon mit Frl. B reden, ob es sich eventuell machen lässt, dass jemand, und zwar Remigi und Franz, Dich besuchen kommen, solange du noch in A. bist. Besser wäre allerdings und sicherer und wegen den ausserordentlichen Gründen ratsamer, wenn ein Besuch erst kommen würde, wenn Du zurück in der Klinik bist. Wir können uns ja darüber verständigen, nicht wahr.
Für jetzt ist das Entscheiden dem lieben Herrgott zu bestimmen, das alles gut gehen werde. Mama und ich wünschen Dir viel Glück und Gottes Segen für Dich und das Kleine.
So Gott will, wird bald alles überwunden sein. Das Weitere mit Rücksprache von Fr. B. Morgen wird sie, wie sie uns gesagt hat, Dich wieder besuchen. Frl. B hat sich wirklich sehr bewährt, wir alle sind ihr zu grossem Dank verpflichtet. Souverän und praktisch und sorgfältig hat sie an alles gedacht und vorausgedacht. Gerne werden wir uns ihr gegenüber erkenntlich zeigen.
Nun, Marguerite, wir empfehlen Dich dem lieben Herrgott und unserem Herrn Jesus Christus und der lieben Gottesmutter und allen Heiligen anheim.
Sorge dafür, dass das Kindlein eine Nottaufe erhält, wenn dies notwendig sein sollte. Eventuell kann es auch die Frl. B. selbst tun, falls es notwendig sein müsste. Dem Remigi und Franz-Xaver werden wir sofort alles berichten. Heute Abend ruft Frl. B. um 9.30 Uhr nochmals an.
Behüt dich Gott, Marguerite, und alles Gute
Papa und Mama.»

«Entschuldige, wenn ich dich hier unterbreche. Aber ich war noch selten so sprachlos wie jetzt», sagt Marcel konsterniert.
«Nichts Ausserordentliches. Gott muss immer für alles herhalten, der arme Kerl!», meine ich zynisch, und Marcel doppelt nach:

«Ich wollte dich schon lange fragen, wie es bei deinen Recherchen gelaufen ist. Hat man dir geholfen oder hattest du Probleme im Zusammenhang mit der Pouponnière und Frau Dr. Borsinger?»

«Es dauerte lange, bis ich überhaupt die richtige Pouponnière gefunden hatte, denn meine Mutter hatte in all unseren Gesprächen nie den Namen dieses Hauses erwähnt, nur jenen von Dr. Borsinger.

Zuerst fuhr ich zur Crèche Pouponnière de Pinchat am Chemin de Pinchat 21 in Carouge. Dort stellte man rasch fest, dass sie nicht das gesuchte Objekt ist. Man half mir aber weiter und schickte mich an die Route de Ferney 143 in Genf zur Crèche Petite Maisonnée. Ich hatte Pech: Der Hort ist samstags geschlossen. Also kam er eigentlich schon grundsätzlich nicht in Frage, weil die gesuchte Pouponnière immer geöffnet sein müsste.

Ich fuhr noch zu einem weiteren Kinderhort, aber auch dieser kam nicht in Frage. Unverrichteter Dinge fuhr ich nach Hause und recherchierte von dort aus weiter. Kurz danach fand ich die Clinique des Grangettes, sprach am Telefon mit dem Direktor Philippe Glatz, der mich einlud, mich in der Clinique umzusehen.

Danach fuhr ich zur richtigen Klinik.

Die damalige Medien- und Sponsoringverantwortliche, Chantal Breyton, führte mich durchs Haus, half mir, wo es nur ging, und zeigte mir die verschiedensten Dokumente.

In der Pouponnière wurden unter anderem auch alle Abgänge der Schülerinnen des Jahrgangs 1945 erfasst. Dort ist eine Margrith Flury aufgeführt. Als späterer Arbeitsort wurde das Bürgerspital Basel angegeben. Natürlich habe ich dort nachgefragt, aber Unterlagen aus jener Zeit existieren keine mehr. Zudem ist offensichtlich, dass ein fingierter Name aufgeführt worden ist, schliesslich war Marguerite mit Remigi noch nicht verheiratet und ausserdem hat sie nie im Bürgerspital gearbeitet - ebenso wenig im Basler Claraspital.

Madame Breyton gab mir die Telefonnummer von Elisabeth Hausheer, die sich vielleicht noch an Marguerite erinnern

könnte, da sie kurz nach der fraglichen Zeit dort zu arbeiten begonnen hatte und für viele Jahre geblieben war. Ich rief sie an. Sie konnte sich leider nicht erinnern.
Nach dem langen Gespräch mit Frau Breyton setzte ich mich in den Garten des Hauses und liess alles auf mich wirken.
Erst jetzt begann all die Unglaublichkeit in mich einzusinken.
Trotzdem kann mich bis heute nichts an die Zeit in der Pouponnière erinnern. Wirklich an nichts. Das bedaure ich irgendwie. Hingegen empfand ich sehr viel Mitleid mit meiner Mutter. Obwohl man sich hier um sie sorgte, waren es für sie sehr schwere Monate in ihrem damals noch jungen Leben. Mitgefühl war es, das mich die Stunden in der Clinique des Grangettes begleitete und eine grosse Achtung vor meiner Mutter Marguerite, die mich von Anfang an akzeptierte und für mich wie eine Löwin kämpfte und dabei viel Erniedrigung und Niedertracht erleben musste.»

Die Geburt

«Es war am Morgen des 22. Oktobers 1945 in Annemasse, als Marguerite spürte, dass die Zeit herannahte.
Die Schmerzen wurden immer intensiver und regelmässiger. Wie abgemacht klingelte sie der Hebamme, die unverzüglich ins Zimmer trat. Sie untersuchte Marguerite und beruhigte sie:
‹Noch ist es nicht so weit. Ich werde aber auf den späteren Nachmittag Fräulein Borsinger bestellen. Sie bleiben ab jetzt im Bett und kümmern sich um gar nichts mehr. Das Frühstück bringe ich Ihnen gleich hoch.›
Gegen sechs Uhr abends traf Dr. Borsinger ein, die aus Sicherheitsgründen nun doch dabei sein wollte.
‹Es ist bald so weit, meine Liebe. Wir bringen Sie jetzt in den anderen Raum mit dem Bett für die Geburt. Bleiben Sie ganz ruhig. Es wird alles gut gehen›, meinte sie beruhigend.
Inzwischen setzten die Wehen immer stärker ein, der Abstand zwischen den einzelnen Schüben wurde immer kürzer.
Es war kurz vor halb neun Uhr abends, als die Geburt eingeleitet wurde. Marguerite hatte grosse Schmerzen. Sie hielt sich strikt an die Anweisungen der Hebamme und Fräulein Dr. Borsingers, die ihr sagten, wie sie hecheln musste und die sie zu beruhigen versuchten:
‹Jetzt kommt schon der Kopf. Ja, gut, pressen Sie noch mal wie vorher. Grossartig, nur weiter so ... Sehr gut. Jetzt langsamer pressen. Die rechte Schulter ist draussen. Ja, gut, jetzt die linke Schulter.›
Kaum hatte die Hebamme ihren letzten Satz gesagt, flutschte das Kind regelrecht aus dem Muttermund. Und die erleichterte Hebamme rief:
‹Phantastisch. Sie haben's geschafft, Marguerite!›
Ungläubig schaute Marguerite zur Hebamme, die die Füsschen des Kindes in ihrer linken Hand hielt, während der Körper herunterbaumelte.
Es war gerade halb neun Uhr nachts geworden. Als die Hebamme dem Kind den Klaps auf den Hintern gab,

Annemasse
In dieser Strasse wohnte die Hebamme. Damals sah das Städtchen anders aus. Das «Geburtshaus» wurde vor vielen Jahren abgerissen

begann es sofort zu schreien. Als sie das Kleine sah, waren wenigstens für den Augenblick all ihre Sorgen vergessen.
‹Es ist ein niedlicher Junge! Ich wasche ihn, dann können Sie es in die Arme nehmen›, sagte die Hebamme freundlich, tauchte das Kind vorsichtig in das lauwarme Wasser, trocknete es ab, bettete es in ein weiches warmes Tuch und legte es der jungen Mutter auf die Brust. Marguerite umarmte das kleine Wesen heftig, während dieses sofort nach der Milch suchte.
Glücklicher als in diesen Stunden war Marguerite noch nie: Jetzt lag das Kind in ihren Armen, ihr eigenes Wesen, ihr eigenes Fleisch und Blut. Und es war ein Junge, wie sie es sich im Geheimsten gewünscht hatte. Eines war klar: Der Bub durfte nicht Augustin heissen, sondern sein Rufname sollte Philipp sein!
‹Ich gratuliere Ihnen›, sagte Dr. Borsinger und übergab Marguerite ein Paket aus Basel, lächelte, drehte sich um und schloss hinter sich die Tür. Marguerite öffnete es erwartungsvoll. Es fanden sich ein hübsches Wollhöschen und andere Sachen zum Anziehen darin. Und ein Brief von Marguerites Mutter:

Liebes Marguerite,
nun hast Du das Schlimmste überstanden. Gerne wäre ich jetzt bei Dir, um zu helfen und um zu sehen, wie es Dir und Deinem Kind geht. Doch leider ist mir dies aus mancherlei Gründen nicht möglich. Heute wirst Du es nicht verstehen, aber in einigen Jahren bestimmt. Bitte verzeih' mir und Deinem Vater, aber wir wollten nur das Beste für Dich!

Marguerite war erschöpft.
‹Schlafen Sie ein wenig, ich werde den Kleinen ins Bettchen legen›, empfahl ihr die Hebamme und legte das Neugeborene sorgfältig in das inzwischen bereitgestellte Kinderbettchen neben Marguerites Bett.
Als sie erwachte, war eine gute Stunde vergangen. Ihr erster Blick galt dem Kind, das friedlich in seinem Bettchen schlief. Es lag so ruhig und zufrieden da, dass sie Angst hatte, es würde nicht mehr atmen. Aber als sie sich seitlich zu ihm

runterbeugte, hörte sie seinen zarten, ruhigen Atem. Und es roch so gut. Es war ruhig im Zimmer. Von weitem hörte sie die Stimme Fräulein Borsinger:
‹Ja, Monsieur Cron, es ist alles hervorragend verlaufen. Sie können stolz auf Ihre Tochter sein. Und es ist ein Junge.›
Nach einer kleinen Pause sagte sie:
‹Ich werde es ihr gerne ausrichten, momentan kann sie noch nicht persönlich ans Telefon kommen, denn sie ist noch schwach und schläft nun. Ansonsten wird alles Weitere so ablaufen, wie wir es geplant haben. Jawohl. Monsieur. Herzlichen Dank - und einen Gruss an Ihre Frau.›
Marguerite weinte. Aber sie war froh, dass sie jetzt nicht mit ihrem Vater sprechen musste. Die Zeit war nicht reif dazu.»
«Gab es an jenem Abend keinen Kontakt zu Remigi», fragt mich Marcel sichtlich ergriffen.
«Nein, zumindest erwähnte meine Mutter nie, dass es einen Anruf zwischen ihr und ihm gab. In Remigis Agenda habe ich am Tag meiner Geburt verschiedene Eintragungen gefunden. In der 43. Woche, am Montag, 22. Oktober 1945 hat er zusätzlich einen Zettel aus einem Kalender gerissen, über die halbe Seite der Agenda geklebt und darauf geschrieben:

20.30 und unter der Zahl *22 Annemasse.*

Darunter steht:
Nachtessen frz.X.! also Franz-Xaver, *Tel. an Bärti. Tel. Vater Basel bis 9 1/2.*

Und fast in der Mitte ist aufnotiert:

M.

Tags darauf sind nur noch Besprechungen, Treffs mit Kollegen im Zusammenhang mit einer Theaterproduktion festgehalten, ebenso die folgenden Tage.
In Annemasse kam die Professorin Borsinger wieder in Marguerites Zimmer. Sie versuchte, heiter zu wirken, doch

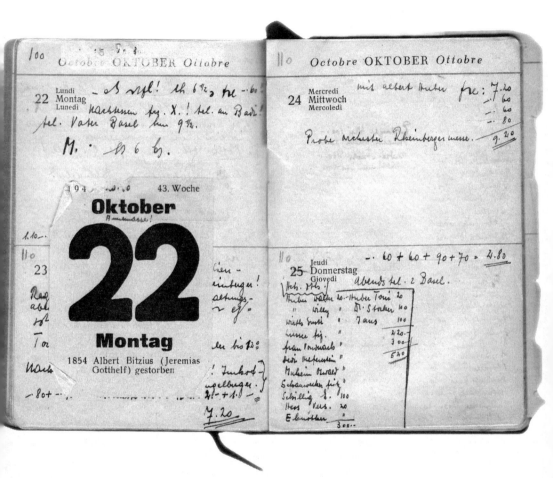

Der 22. Oktober 1945. Eintragungen von Remigi Flury am Tag der Geburt von Philipp in Annemasse, Frankreich

immer dann - das hatte sich schon oft bewiesen - kam eine kalte Dusche hinterher. Auch diesmal sollte es nicht anders sein. Sie richtete die Grüsse und Gratulationen von Vater und Mutter Cron aus. Die jüngeren Geschwister Marguerites wussten immer noch nichts von der Geburt. Und sie lobte Marguerite für ihre Tapferkeit.

Doch dann kam die Wende:

‹Wie Sie sich ja vorstellen können, Marguerite, kann Ihr Kind auf die Dauer nicht hier bleiben. Sie wissen, dass es bei uns in der Pouponnière bestens aufgehoben ist. Deshalb habe ich - im Einverständnis natürlich mit Ihrem Herrn Papa - Folgendes organisiert: Der Kleine wird morgen früh von mir persönlich abgeholt und in die Pouponnière gebracht. Sobald Sie in einigen Tagen aufstehen können, ist es Ihnen natürlich erlaubt, Ihr Kind bei uns zu besuchen.›

Marguerite verschlug es den Atem. Nach allem, was geschehen war, sollte sie nun auch ihr Kind nicht mehr bei sich haben dürfen? Sie wehrte sich mit allen ihr zur Verfügung stehenden Argumenten, doch - wie immer - prallten diese an der Professorin ab. Sie war wieder einmal mehr chancenlos. Und sie war zugleich auch darüber enttäuscht, dass es ihr auch diesmal nicht gelingen wollte, gegen Fräulein Borsinger und letztlich eben auch gegen den Willen ihres Vaters anzukommen.

‹Sehen Sie, meine Liebe, Sie sind in jeder Beziehung noch zu schwach, um für den Kleinen zu sorgen. Schlafen Sie sich richtig aus, kommen Sie zu Kräften, dann wird alles wieder gut und Sie werden die weiteren Hürden meistern können.›

Es war inzwischen Mitternacht geworden, als Marguerite einschlafen konnte, begleitet von schrecklichen Träumen. Immer wieder schaute sie voller Angst in das Bettchen mit dem Kleinen, der ruhig schlief.

Die Lebhaftigkeit des Kleinen weckte sie gegen sechs Uhr morgens auf. Behutsam nahm sie ihn aus dem Bettchen und stillte ihn.

Währenddessen schaute sie ihn sich genau an, prägte sich jedes Detail ein: Lange Finger hatte er, einen zartgeformten

Kopf, blonde Härchen wie Flaum von jungen Entchen bedeckten seinen Kopf, die Augen braun, die Ohren relativ klein mit grossem Innenohr und die Nase, die grosse, die hatte er von seinem Vater. Walter. Würde er sich jetzt wohl freuen über seinen Sohn? So wie sie?

Um halb acht Uhr, Marguerite hatte den Kleinen wieder ins Bettchen gelegt, klopfte die Hebamme leise an die Tür: ‹Marguerite, Sie müssen nun Ihr Kind der Professorin übergeben. Sie kommt jeden Moment.›

Nun war es also so weit. Der Kleine musste weg. Weg von der leiblichen Mutter, die ihn erst vor wenigen Stunden geboren hatte. In Marguerite bäumte sich alles auf. Sie wollte schreien, wollte aufstehen und mit ihrem Kind davonrennen, doch sie konnte nicht. Sie war zu schwach.

Fräulein Borsinger und die Hebamme hielten ihr nochmals kurz das Kind hin, dann brachten sie es zum Auto. Marguerite war verzweifelt.

Langsam erhob sie sich vom Bett und schleppte sich zum Fenster. Sie schob die weissen Vorhänge auseinander und sah, wie Fräulein Borsinger den Kofferraum ihres Wagens öffnete. Sie legte einige frisch gebügelte Wäschestücke zur Seite, rückte einen kleinen leeren Wäschekorb zurecht und legte grössere Wäschestücke hinein.

Die Hebamme bettete nun auf Geheiss Borsingers das Kind auf diese Windeln. Dann brachte Fräulein Borsinger eine grosse Schachtel zum Vorschein, stülpte sie über das Baby und schichtete anschliessend einige säuberlich zusammengelegte Windeln darüber.

Wie Moses im Körbchen ..., dachte sich Marguerite. Sie wusste, dass der Wagen ohne Kontrolle die Grenze zur Schweiz passieren konnte. Sie nahm an, dass ihr Kind nun nach Genf gebracht würde.

Marguerite wollte den ganzen Tag über niemanden mehr sehen, auch Frau Rochet nicht.

Gegen Abend kam der Anruf aus der Pouponnière. Die Hebamme nahm das Gespräch entgegen. Es sei alles in Ordnung. Dem kleinen Philipp ginge es gut, und dann meinte sie:

‹Ich muss jetzt noch zu einer Geburt. Ich weiss nicht, wie lange dies dauert. Aber seien Sie unbesorgt, Marguerite, Sie müssen nicht allein sein, mein Mann ist da. Falls Sie etwas benötigen, rufen Sie ihn.›
Damit verabschiedete sie sich.
Zwei Stunden, nachdem die Hebamme das Haus verlassen hatte und Marguerite in ein Buch vertieft war, rief eine Stimme halblaut:
‹Marguerite, ich bin es, Monsieur Rochet. Brauchen Sie etwas?›
Bei den beiden letzten Worten öffnete er leise die Tür und trat ein.
‹Nein, Monsieur Rochet›, sagte Marguerite dabei unmissverständlich, aber freundlich. Trotzdem wagte er sich bis zum Bett hin. Sein Verhalten verhiess nichts Gutes. Zwar war Marguerite dieser Mann unsympathisch, aber auf die Idee, dass er etwas von ihr wollte, auf diese Idee wäre sie nie gekommen. Rochet sah seine Chance: Er riss die Bettdecke kraftvoll und energisch nach unten und sagte schnaufend:

Die Zollstation Moillesulaz an der Grenze nach Annemasse 1945. Hier wurde Augustine Philippe Latour vom französischen Annemasse in die Schweiz geschmuggelt

‹Marguerite, ich tu Ihnen nichts. Aber bitte, zeigen Sie mir alles Schöne. Ich möchte Sie nackt sehen. Bitte, bitte.›
Marguerite realisierte jetzt die Gefahr. Nun ging alles schnell: Marguerite flog förmlich aus ihrem Bett und stand aufrecht vor dem Mann, der mit einer solchen Reaktion wohl nie gerechnet hatte.
‹Raus!›, schrie sie laut und verzweifelt und streckte ihren Arm Richtung Tür:
‹Rausgehen sollen Sie. Sie Schwein!›
Rochet zuckte zusammen, dann machte er eine Kehrtwendung und rannte aus dem Zimmer. Die Tür schlug er hinter sich zu. Marguerite hörte Rochets Tritte, als er die steile Holztreppe runtertrampelte. Dann war es totenstill im Haus.
Marguerite setzte sich auf die Bettkante. Sie zitterte am ganzen Leib. Sie konnte nichts dagegen tun, auch nichts gegen ihre Tränen, ihre Hoffnungslosigkeit, ihre Trauer, ihre Wut. Und wo sollte sie hin, in diesen Umständen, in dieser Verfassung, einen Tag nach der Geburt?»
Meinem Eisenbahnbekannten Marcel in seine erstaunten Augen blickend sage ich:
«Meine Mutter hat mir all diese Geschichten im Detail erzählt. Allerdings dauerte dies Jahre, bis alles aus ihr raus war. Sie schämte sich dafür. Sie schloss die Zimmertür. Es mochte wohl eine gute halbe Stunde verstrichen sein, als sich Marguerite hinlegen konnte. Sie deckte sich nicht nur zu, sondern umwickelte ihre Beine mit der Wolldecke, und ihr Nachthemd zog sie sich weit zum Hals hinauf.
Sie hörte das Heimkommen der Hebamme nicht mehr, sie war schon viel früher eingeschlafen.
In der Nacht noch gestand Rochet seiner Frau die Vorgänge in Marguerites Zimmer. Diese setzte ihm mächtig zu, nicht laut, aber unmissverständlich.
Die gereizte Stimmung am Morgen aber war der Hebamme nicht anzusehen, als sie mit Marguerite über ihre Geburtshilfe vom vergangenen Tag bei einer Frau im Nachbarort sprach. Marguerite bat Madame Rochet, ihr zu helfen, dass sie hier bald wegkomme.

‹Ich werde mein Bestes tun, Marguerite, das verspreche ich Ihnen. Bereiten Sie sich inzwischen darauf vor, dass Sie morgen Mittag von der Frau Professorin abgeholt werden.›
Den kommenden Tag konnte sie kaum erwarten. Endlich weg von diesem Haus, endlich ihr Kind wieder in die Arme nehmen.»

In den Armen

«Man fuhr zusammen zur Pouponnière. Marguerite war aufgeregt. Sie fand ihren Sohn in einem Bettchen zwischen anderen Babys. Er schlief selig, da wollte sie ihn nicht wecken. Eine Stunde später war es aber dann so weit: Sie nahm den Kleinen in die Arme und war überglücklich.
Tags darauf schrieb sie Remigi, wie beglückt sie sei. Und ob sie ihn bald sehen könne, sie sehne sich so nach ihm. Und sie möchte ihm den kleinen Philipp zeigen. Dann kam seine briefliche Antwort:

*Ja, geliebtes Marguerite, ich werde kommen am 1. November, wenn Papa es erlaubt, ich werde ihn darum bitten, auch Du. Ich will und werde Dir von Herzen jede Freude bereiten, die Dir Dein Los erleichtert und die Dich glücklich macht. Leb nun wohl, leg Deine Arme um mich, ich halte Dich fest, küsse Dich und bin ganz, ganz glücklich.
Remigi.*

Remigi fuhr dann tatsächlich am 2. November 1945 zuerst nach Bern, wo er übernachtete, um tags darauf nach Genf zu fahren. Er hatte auch eine Besprechung mit der Directrice und Freundin von Borsinger, Frau de Riederer, wie er in seiner Agenda notierte.
Was die beiden besprochen haben, weiss ich nicht, aber bestimmt ging es um die weitere Zukunft Mamas und des Kindes.
Anhand einer Rechnungskopie, feinsäuberlich alles aufgelistet, schliesslich musste diese von Papa Jean beglichen werden, ist ersichtlich, dass Remigi für das Billet Altdorf - Genf retour 39.10 Franken bezahlt hat.
Das Taxi von Genf zur Pouponnière kostete 11 Franken. Für das Mittagessen mit HH. Sch. - es muss sich dabei um den geistlichen Freund und Beschützer der Familie, den Hochwürdigen Herrn Schnyder handeln - und M, Marguerite, wurden 40 Franken ausgegeben. Er und Schnyder übernachteten beim Bahnhof Cornavin im Hotel Cornavin.

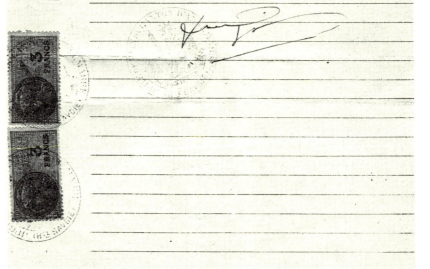

CM 17287

Certificat de nationalité.
ooooooooo

Nous GALAIS Léopold-Jean, Juge de Paix du canton d'Annemasse, arrondissement de Saint-Julien-en-Genevois, département de la Haute-Savoie, étant en notre Cabinet, sis au dit lieu, Jardin Public, rue de Genève,
Certifions, sur le vu de l'acte de naissance qui nous a été présenté, et à l'instant rendu,
Que le jeune LATOUR Augustin-Philippe, résidant actuellement à Annemasse, est né à Annemasse, le vingt deux octobre mil neuf cent quarante-cinq, de parents inconnus.
Qu'aux termes de l'article 21 de l'Ordonnance du 19 Octobre 1945, N° 45-2441, portant Code de la nationalité Française, cet enfant est Français, comme étant né en France de parents inconnus.
De tout quoi, nous avons délivré le présent certificat de nationalité à Annemasse, le deux Novembre mil neuf cent quarante-cinq, et nous avons signé.

Das Zertifikat. Dr. Borsinger überreichte es Marguerite in Montreux. Der Inhalt besagt, dass Augustine Philippe Latour am 22. Oktober 1945 in Annemasse zur Welt kam. Natürlich hatte sie dafür Ihre Beziehungen zu Politikern spielen lassen

In der Agenda Remigis finden sich am Samstag, den 3. November 1945, folgende Einträge:

8.47 nach Genf. Dir. de Riederer! 10.46 Marguerite, Cornavin! 11 1/4 Pouponnière! Frl. Borsinger! 1 Mittagessen Mâre Royaume! 38.--. 5 17 nach Montreux! Bon-accueil! Abends Pavillon des Sports!

Dann fuhren Marguerite mit dem Kleinen, Remigi und der Pfarrer per Eisenbahn nach Montreux. Dort erwartete sie schon ein Brieflein ihres Papas:

Liebes Marguerite,
Gott sei Dank. Es ist gut, dass Dich morgen Früh Fräulein Borsinger nach Genf zurückbringt. Habe heute mit Frl. B. telefoniert. Wie sie sagt, geht alles gut. Dem kl. Augustine Philippe geht es gut. Sie sagte mir, sie habe das Geld, Fr. 70.-- welches noch dir gehört, mitgenommen. Du solltest dann noch 200.-- Fr. vom Depot erhalten, macht total 270.-- für die Pension und Remigi.
Viel Glück und Gottes Segen,
Papa und Mama.

Am 4. November 1945 stand Professorin Borsinger gegen 10 Uhr in der Hoteleingangshalle. In den Tagen zuvor war die Dame nicht untätig gewesen. Ohne Marguerite etwas davon zu sagen, setzte sie alle Hebel, sprich ihre auch politischen Beziehungen in Annemasse in Bewegung, um endlich schriftliche Unterlagen über die Geburt des Augustine-Philippe zu erhalten.
Sie lächelte freundlich, als sie von Marguerite und Remigi begrüsst wurde:
‹Ich habe Ihnen ein wichtiges kleines Geschenk mitgebracht›, und hielt ihnen voller Stolz ein Dokument entgegen. Es handelte sich um den Nationalitätsausweis für das Kind. Darauf stand:

Nationalitäts-Ausweis von Augustine-Philippe LATOUR, wohnhaft aktuell in Annemasse, ist am 22. Oktober 1945 geboren. Die Eltern sind unbekannt. Dieser Ausweis wurde ausgestellt am 2. November 1945.

Tränen flossen. Wie Borsinger es fertiggebracht hatte, dieses Papier zu beschaffen, verriet sie nie. Aber ganz bestimmt hat es Geld gekostet. Geld, das Jean Cron bezahlen musste.
Dieser Ausweis war für Marguerite ein kleiner Schritt zu ihrem eigenen Kind. Remigi versprach, alles zu tun, um sie und den Kleinen so rasch als möglich nach Altdorf zu holen. Fräulein Borsinger nahm daraufhin das Kind wieder mit nach Genf zurück.
In Basel war man in der Zwischenzeit ebenfalls aktiv. Man arrangierte sich mit Anneli und Franz-Xaver, dass Marguerite weiterhin in Altdorf bleiben konnte. Sie würde sich schon in ihr Schicksal fügen. Zudem konnte sie sich nach einer Wohnung umsehen, denn geplant war eine baldige Heirat zwischen Remigi und Marguerite.
Wenige Tage später fuhr Marguerite nach Altdorf. Alleine!»

Das lange Warten

«Seitdem hatte Marguerite keine Möglichkeit mehr, ihren Sohn zu sehen. Aber der Patriarch sorgte schon vor: Der gesamten Verwandtschaft, natürlich auch den Geschwistern Marguerites, erzählte man eine haarsträubende, aber für alle glaubhafte Geschichte: Ich erinnere an die vor dem Eingang gefundene Catherine und an den kleinen Patrique de Montpassant!
Eben diese Beispiele wurden zu einer Geschichte zusammengefügt. Man erzählte allen, das Kind sei beim Haupteingang der Pouponnière gefunden worden, mit einem Zettel am Kleid befestigt, auf dem stand:

Mein Name ist Augustine-Philippe Latour. Meine Eltern können sich nicht leisten, ein Kind zu haben.

Die Absicht war, den kleinen Philipp möglichst rasch in die Schweiz zu Marguerite zu bringen, ohne dass jemand ihre Tochter als leibliche Mutter vermuten könnte. Auch diesbezüglich hatte Jean einen plausiblen Vorfall parat! Er erzählte allen, Marguerite habe sich während ihrer Ausbildung zur Nurse in Genf speziell um diesen kleinen Bub Augustine-Philippe kümmern müssen. Er sei ihr ans Herz gewachsen. Und nun möchte man ihn adoptieren!
Was nichts anderes heisst, Marguerite sollte ihren eigenen Sohn adoptieren!
Und zwar so rasch wie möglich. So konnte man sich darüber hinaus noch Lorbeeren einholen.
Das Ansehen der Familie in Basel stieg - und die Geistlichkeit gratulierte zu dieser grosszügigen Tat.
Über diese Zeit bei ihrer Schwester Anneli erzählte Mama nicht viel. Sie half ihr, wo sie konnte und hatte grosses Verlangen nach ihrem Kind, das weiterhin in der Pouponnière bleiben musste. So wurde es Dezember und Weihnachten.
Schon im Januar 1945 führte die ‹Marionetten-Bühne› der Gruppe ‹Gelb-Schwarz›, einer freien Vereinigung urnerischer

«Das Urner Krippenspiel» 1945
Szenenbild mit dem «Gottvater», dargestellt von Remigi Flury (l.)

Holzschnitt Heinrich Danioth
Umschlagbild für das Programmheft. Chaschper, Melk und Balz (Kaspar, Melchior und Balthasar, die drei Könige) auf der Marionettenbühne (r.)

«Das Urner Krippenspiel» 1945
(v.l. am Tisch) Remigi Flury in der Rolle als Gottvater; Albert Huber, Bühnenbild; Heinrich Danioth, Text, Bühnenbild und künstlerische Leitung. Remigi zeichnete auch, zusammen mit Toni Huber für die Regie verantwortlich

Künstler und Kunstbeflissener, ‹Das Urner Krippenspiel› im Höfli-Theater Altdorf auf. Inhalt: Der Teufel feilscht um die Seele des Wegeknechts Joder. Ort der Handlung: Urner Passlandschaft. Zu dieser Gruppe gehörten auch Remigi Flury, Heinrich Danioth, Franz-Xaver, Toni Huber und beispielsweise der Bildhauer Eugen Püntener. Im Dezember spielte man auch im Schlüssel Andermatt, im Gotthard Luzern, im Schulhaus in Bürglen und am 22. und 23. Dezember 1945 in Casino Erstfeld.
Remigi führte Regie und gleichzeitig spielte er die Rolle des Gottvaters - nicht als Marionette. Er stand vor der Bühne im Kostüm eines Bischofs und führte erzählerisch durch die Geschichte.
Es war für ihn, aber auch für Marguerite eine strenge Weihnachtszeit.
Remigis Eintragungen in sein Tagebuch vom 24. Dezember 1945 besagen, dass er um 19 Uhr bei Anneli und Franz-Xaver zum Weihnachtsfest eingeladen war. Am 25. Dezember ass er bei den beiden zu Mittag, dann fuhren alle mit dem Zug nach Basel. Er notierte:

Schöne Weihnacht in Basel!

Am Weihnachtstag besprach man in Basel das weitere Vorgehen. Marguerite und Remigi sollten sich endlich eine Wohnung in Altdorf suchen und so rasch wie möglich heiraten.
Die Wohnung fanden sie bald - im Zentrum Altdorfs, unmittelbar neben dem Nationaldenkmal von Wilhelm Tell, im ersten Stock des Hotel-Restaurants Reiser an der Hauptstrasse, Ecke Schmiedgasse 1.
Anfang Januar 1946 zogen sie dort ein. Platz war genug. Der Lärm zur Strasse hin war enorm, denn der gesamte Verkehr Richtung Süden, zum Gotthard hin, schlängelte sich vor der Haustür durch die schmale Strasse.
Im Sommer sollten noch die Abgase dazukommen. Trotzdem: Das Paar war glücklich, eine schöne Wohnung gefunden zu

Der Gitschen
Der 2511 m hohe Gitschen war Marguerites Lieblingsberg. Sie schaute mindestens einmal täglich zum Berg hinauf. Noch viele Jahre nach dem Umzug vermisste sie ihn

Hotel und Restaurant Reiser
Beim Wahrzeichen von Altdorf, dem Denkmal von Willhelm Tell und seinem Sohn Walterli, befindet sich das Hotel und Restaurant Reiser, «die Reiserei».
(Aufnahme 2007)

haben. Endlich hatte Marguerite ein eigenes Zuhause. Remigi war kein einfacher Mann, er war beruflich viel unterwegs und ging abends oft mit Kollegen ins Wirtshaus, wie's dort eben üblich war.

Aber sie war ja nicht alleine, sie hatte Anneli und Franz-Xaver und auch Heiri Danioth, den Maler und Schriftsteller, mit dem sie inzwischen eine tiefe Freundschaft verband. Oft war sie bei ihm im Atelier in Flüelen und diskutierte mit ihm über die Kunst. Er las ihr seine neuen Texte vor oder zeigte ihr seine neusten Bilder und Zeichnungen.»

Rathausplatz 1959
Das Hotel Restaurant Reiser – hinter dem Telldenkmal rechts – an der Schmiedgasse. Hier wohnte die Familie, bevor sie an den Besslerweg ins eigene Haus umzog

Die Hochzeit
Am 23. Februar 1946
fand die kirchliche Trauung
in der Kapelle St. Peter in
Luzern statt

Die Heirat

«Die standesamtliche Trauung fand am 14. Februar 1946 im engsten Kreise im Gemeindehaus von Altdorf statt. Der Maler-Dichter Heinrich Danioth war Trauzeuge. In lebhafter Erinnerung blieb Mama, als am Ende des Zeremoniums der Standesbeamte sagte:
‹So. Sie sind jetzt Mann und Frau - macht fünf Franken!›
Natürlich musste auch kirchlich geheiratet werden! Und konsequenterweise musste die Vermählung standesgemäss sein: Also ein grosses Fest mit allem Drum und Dran. Und nicht in Basel, sondern in Luzern!
Marguerite konnte es kaum erwarten. Es kamen alle, die kommen mussten, natürlich die gesamte Familie, die wichtigsten Verwandten, Freunde und einflussreiche Geschäftspartner Crons.
Schon am Abend zuvor fanden sich viele im ‹Hotel des Balances› am Weinmarkt in Luzern ein. Vater und einige Brüder Marguerites gingen generalstabmässig noch mal alles durch. Nichts durfte an diesem grossen Tag schief gehen. Alles war vergessen. Marguerite und Remigi waren die grossen Stars. Mutter und Vater waren stolz auf die beiden.
Die Hochzeitsglocken läuteten am 23. Februar 1946, um 10 Uhr in der Kapelle St. Peter am Kapellplatz 1a, zwischen Kapellebrücke und Schwanenplatz in Luzern.
Trauzeugen waren Marguerites Schwester Thesi und Remigis Bruder Adolf Flury. Getraut wurden sie vom Familienfreund, Pfarrer J. W. Schnyder, mit dem man sich ja schon in Montreux getroffen hatte.
Marguerites elegantes Kleid gab viel zu reden. Remigis Smoking hatte seitlich an den Hosen einen glänzenden Streifen. Auch er sah äusserst elegant aus - diesen Smoking hielt er bis zu seinem Tod in Ehren und trug ihn nur bei ausserordentlichen Anlässen.
Das Fest hätte nicht schöner und gediegener sein können; Vater Cron hatte sich in jeder Hinsicht nicht lumpen lassen und genoss den Anlass. Auch Remigis Vater Franz

Schnitzelbank
In guter Basler-Tradition werden den Vermählten ihre Schwächen in Text und Bild humorvoll vorgehalten: Marguerite als Raucherin von Remigi auf der Käsekratte getragen

war dabei, seine Mutter, Josefina Christina, war bereits verstorben. Sowohl das Mittag- als auch das Abendessen waren vorzüglich - die Weine ebenso. Jeder der Gäste bekam ein eigens für ihn kreiertes und mit seinem Namen versehenes Boccalino. Marguerite und Remigi haben ihre Boccalinos aufbewahrt, auch nach ihrem Tod sind beide noch im Besitz von uns Kindern - ebenso jenes von Heinrich Danioth.
Mutter Sophie war glücklich und traurig zugleich, denn endlich, so schien es, hatte ihre Tochter den Richtigen gefunden. Andererseits war es nun besiegelt, dass Marguerite ihre Zelte in Altdorf aufschlagen sollte, weit weg von Basel.»

Hochzeits-Gästebuch
Sein musikalisches «Spontanes Gefühl bei der Trauung» hat der Freund der Familie, der Schweizer Kirchenmusiker Johann Baptist Hilber in Noten festgehalten

Austausch der Ringe
Pfarrer J. W. Schnyder hielt
die Trau-Zeremonie

Das Pflegekind

«Im April 1946 wurde Marguerite wieder schwanger. Sie freute sich sehr, dass sie von Remigi ein Kind bekommen würde.
Im April standen auch endlich die Flitterwochen im Programm. Eigentlich war Remigi nicht sonderlich begeistert davon:
‹Wir könnten das Geld sparen und zu Hause bleiben›, war sein lakonischer Kommentar. Aber Marguerite liess sich nicht davon abbringen. Und so einigte man sich, nach Locarno zu fahren, um dort wenigstens zwei Wochen lang schönes Wetter und Ruhe zu geniessen. Doch gerade im Tessin manifestierte sich einmal mehr, dass Remigi eben ein ausgesprochener Einzelgänger, sprich Junggeselle war: Marguerite musste die Abende oft allein im Hotel verbringen, während er sich mit den Einheimischen in den kleinen Grottos beim Jassen und dem Tessiner Barbera-Wein vergnügte.»
Marcel unterbricht mich:
«Genau in dieser Zeit, im April 1946, als deine Mutter schwanger wurde und dein Grossvater zwar krank, aber immer noch aktiv war, wurde der Bericht über die kriegswirtschaftliche Strafuntersuchung gegen das Schweizerische Holzsyndikat (SHS) fertiggestellt. Der Betreff:

Ausrichtung und Bezug zu hoher Vermittlungsprovisionen und Honorare.
Antrag:

1. Einstellung des Verfahrens wegen kriegswirtschaftlicher Vergehen.
2. Überweisung eines Doppels dieses Briefes an die Verrechnungsstelle zur Prüfung, ob Clearingvergehen vorliegen
Bern, den 25. April 1946, Gl/Tschu
Eidg. Volkswirtschaftdepartement, Strafuntersuchungsdienst.

Ob ein solches Clearingvergehen vorlag, recherchiere ich gerade. Aber erzähl weiter!», meint er und hört gespannt zu.

«An Ostern 46, also just zu jener Zeit als dieser Strafuntersuchungs-Bericht erschien, besuchten Marguerite und Remigi die Familie in Basel. Man besprach dort sehr Wichtiges, was Vater Jean dann in einem offiziellen Brief an die beiden festhielt - vom Anwalt abgecheckt und von seiner Sekretärin abgetippt:

Unsere Lieben,
Wie Euch anlässlich Eures Besuches am Osterfest an der Colmarstrasse bereits mitgeteilt, sind Mama und ich nach reiflicher Überlegung und Beratung mit der sehr verehrten Fräulein Borsinger, Directrice der Pouponnière in Genf, dahin übereingekommen, aus Dankbarkeit für die unserer Familie geleisteten Dienste, das liebe Kleinkind Augustin-Philipp Latour bei uns in Basel aufzunehmen und ihm vorläufig eine Heimstatt in unserem Hause zu gewähren.
Das von Fräulein Borsinger zusammen mit noch anderen verlassenen Kindern nach Genf zur Pflege übernommene Knäblein würden wir gerne Euch zur Pflege und Auferziehung in Eurem Altdorfer Heim übergeben, da dies uns infolge unserer Krankheit, so gerne wir wollten, leider nicht möglich ist.
Wir glauben mit der Aufnahme eines Kindes auch einen angemessenen Beitrag unserer Familie an das grosse Kinderelend unserer Tage leisten zu können, eingedenk auch der grossen Hilfe, die wir trotz unserer eigenen Schwäche durch Vergelter alles Guten bereits in jeglicher Not haben erfahren dürfen.
Wir wollen, soweit unsere Kräfte und Mittel ausreichen, gerne den kleinen Beitrag an die Erziehungskosten dieses Kindes übernehmen und - neben den Pflegekosten in der Pouponnière - euch jeden Monat bis auf weiteres Fr. 100.-- zukommen lassen. Je nachdem es unsere Kräfte erlauben, hoffen wir von Zeit zu Zeit ein Mehreres für den lieben kleinen Augustin-Philipp tun zu können, dem wir beide ja durch die Übernahme der Patenschaft bereits in geistiger Verwandtschaft verbunden sind.
Von diesem Vorhaben haben wir seinerseits der sehr verehrten Fräulein Borsinger gebührend Kenntnis gegeben. Sie hat auch formell beigepflichtet und wir hoffen nun sehr, dass es Fräulein Borsinger wie seinerzeit in Aussicht gestellt, auch gelingen werde, die Naturalisierung des Kleinen baldmöglichst bewerkstelligen zu können. Wir verstehen sehr wohl und

sind ganz Eurer Ansicht, dass es Euch daran gelegen ist, den Kleinen in der ersten Hälfte Juni in Genf abzuholen; wir werden dazu beitragen. Wir nehmen auch Notiz davon, dass bereits alles zu dessen Aufnahme vorbereitet worden war.
Indem wir Euch Gottes Segen und Gnade zur edlen Tat der Betreuung des lieben Knaben wünschen, grüssen wir Euch herzlich
Eure Eltern
Jean Cron-Baumann

Ich habe das Gefühl, dass mein Grossvater glaubte, was er schrieb. Da wurde die Lüge zur Wahrheit. Da passt ein Sinnspruch des Wiener Chansonniers, Literaten und Eventmachers André Heller dazu: ‹Die Lüge ist wahrer als die Wahrheit, weil die Wahrheit so verlogen ist.›
Der Brief war auch ein taktisches Manöver, denn am 17. September 1946 schrieb Remigi an die Kantonale Fremdenpolizei unter anderem:

Gemäss Schreiben von Hrn. Jean Cron, Baumeister in Basel, meines Schwiegervaters, haben meine Schwiegereltern sich entschlossen, dieses Kind aufzunehmen und es mir in Pflege zu geben (...) Gemäss Erkundigungen bei der eidgenössischen Fremdenpolizei steht dieser Überführung von Genf nach Altdorf von eidg. Seite nichts im Wege. Herr Dessibourg von der eidg. Fremdenpolizei hat mich aufgefordert, an Sie ein diesbezügliches Gesuch zu stellen.»

Der knapp einjährige Philipp
mit Marguerite und Remigi.
Seit wenigen Monaten lebte
er nun bei seiner Mutter und
seinem Stiefvater in Altdorf

Endlich, aber noch kein Ende

«Und dann war es so weit: Das Kind wurde mehr als sieben Monate nach der Eheschliessung, am Sonntag, dem 6. Oktober 1946, in die Ehegemeinschaft aufgenommen.
Gemeinsam fuhr man nach Genf in die Pouponnière, um den Kleinen, also mich, abzuholen. Natürlich bedankte man sich sehr bei Dr. Borsinger und Frau de Riederer für die Pflege des Kleinen.
Für Marguerite, aber auch für Remigi war es ein unglaublich schöner Tag! Endlich konnte sie ihr Kind nach so langer Entbehrung in die Arme schliessen.
Die ganze Familie Cron freute sich auf das ‹Waisenkind› aus Genf, das Marguerite so sehr in ihr Herz geschlossen hatte. Und man schickte zu diesem Anlass sogar ein Telegramm nach Altdorf.
Remigi wurde von sämtlichen Verwandten und Freunden mit Komplimenten überhäuft, dass er den doch so innigen und für ihn nicht gerade leichten Wunsch seiner geliebten Frau voll und ganz respektieren, ja unterstützen würde.
Am 9. Dezember 1946 war noch mal ein grosser Freudentag: Mein Bruder Remy kam zur Welt! Vater Remigi war stolz auf sein eigenes Kind, Mutter ebenfalls.
Am 24. Dezember 46 schickte Vater Remigi der Kantonalen Fremdenpolizei den Ausländerausweis, Formular A. für:

(...) oben erwähntes Pflegekind mit höflichem Ersuchen, die Aufenthaltsbewilligung für 1 Jahr zu verlängern (...)

Später gründeten Jean und Marguerites Geschwister Rudolf und Louis, welche seit Längerem in der Familienfirma tätig waren, die Immobilien-Firma Casana AG. Weil Vater Jean allen Kindern versprochen hatte, dass jedes ein eigenes Haus als Erbanteil bekommen würde, liess er durch diese Firma, bei der übrigens aus taktischen Gründen Remigi als Präsident eingesetzt wurde, neben anderen Häusern sowohl zuerst für Anneli, dann auch für Marguerite ein Haus bauen.

Telegramm Télégramme Telegramma

Basel tel   No 7287   DEN 6. 46. UM 12.20

        Familie
        Ar und Mm Flury- Cron
        Hauptplatz
        A l t d o r f Uri

Euch Margrit und Remigi , dem kleinen
Augustin Philipp und dem gesegneten Familien-
zuwachs frohe Rückkunft ins traute Heim.
Möge allen und jedem einzelnen wohlverdienter
glückhafter Segen aus Lohn der Opfer beschienen
sein.

Herzlich grüssend

                Papa, Mama, Paul, Louis und Agnes

Contr. No 16   zustellen 18.30

Das Haus
am Besslerweg, Ecke Birkenstrasse in Altdorf, um 1949. Die ganze Familie fühlte sich dort sehr wohl

Bald zog die kleine Familie in ihre eigenen vier Wände ein, Ecke Besslerweg, Birkenstrasse in Altdorf.
Die Gesuchsanträge um die Namensänderung von Latour auf Fluri dauerte Jahre.
Übrigens: Im April 1930 wurde von den Flurys ein Gesuch um Namensänderung von Fluri auf Flury beantragt, aber vom Regierungsrat in Stans abgelehnt. Am 16. Februar 1961 reichten Alfred Flury, Bankdirektor, Liestal (ein Cousin von Remigi) und Balz Flury, Gemeindeschreiber, Stans, ein weiteres Gesuch ein, welches dann am 27. März 1961 rechtsgültig wurde.
Aber auch heute noch wird Flury von allen staatlichen Stellen immer noch mit einem «i» geschrieben. Und dieser Umstand führt öfters zu Problemen ...
Immer wieder wurden Briefe zwischen Marguerite, Remigi und diversen Ämtern hin und her geschickt.
Im Jahre 1948 starb Grossmutter Sophie. Marguerite brauchte lange Zeit, bis sie einigermassen darüber hinweggekommen war.
Am 22. Mai 1949 zog wieder grosse Freude ein: Mutter gebar ein weiteres Kind: unseren Bruder Vinzenz. Jetzt waren wir drei Jungs. Es fehlte also noch ein Mädchen! Im März 1952 schrieb Mama u. a. an den Regierungsrat des Kantons Basel-Stadt:

Das Telegramm
(linke Seite)
Am 6. Oktober 1946 wurde Philipp zu seiner leiblichen Mutter Marguerite und zu Remigi nach Altdorf gebracht. Dazu gratulierte man ihnen per Telegramm

Am 6. Oktober 1946 habe ich Philipp zu mir genommen. Er lebt seither ununterbrochen in meiner Familie und ist mit meinen übrigen Kindern Remigi Franz Xaver (geb. 1946) und Vinzenz Paul (geb. 1949) wie ein eheliches Kind aufgewachsen; er wird auch beim Namen Philipp Flury gerufen. Diese Familieneinheit sollte in der Namensgleichheit Ausdruck finden. (...) Mein Ehemann stimmt der Namensänderung zu!

Der 9. Juni 1953 war erneut ein grosser Freudentag: Unsere Schwester Christine Sophie kam in Altdorf zur Welt. Somit waren - und sind - wir vier Geschwister. Wir alle haben ein ausserordentlich herzliches und enges Zusammengehörigkeitsgefühl.
Am 30. Januar 1954 schrieb Mama noch ein weiteres Gesuch an den Regierungsrat Basel, worauf das Basler Justizdepartement am 3. Februar 1954 u. a. antwortete:

(...) Der Regierungsrat pflegt in ständiger Praxis solchen Begehren zu entsprechen; wir können deshalb über das Gesuch in empfehlendem Sinne berichten. Ausdrücklich möchten wir jedoch festhalten, dass nur die Verleihung der Namensform Fluri, wie sie in den Zivilstandsregistern eingetragen ist, in Frage kommt (...).

Aufenthaltsverlängerung
Der Amtsschimmel
beginnt zu traben

Am 9. März 1954 war es dann endlich so weit: Der Regierungsrat des Kantons Basel-Stadt beschloss:

(...) dass Augustin Philippe Cron, von Basel Stadt, mit gesetzlichem Wohnsitz in Altdorf (Uri) ermächtigt wird, inskünftig den Familiennamen Fluri rechtmässig zu führen!

Endlich hatten es meine Eltern geschafft. Nicht nur meine Mutter, sondern auch mein Vater, den ich übrigens nie als Pflegevater ansah. Für mich war er immer mein Vater. Er behandelte mich jederzeit genauso wie alle Geschwister. Ich kann mich nicht erinnern, jemals das Gefühl gehabt zu haben,

1953 Taufe von Christine in Altdorf. Marguerite (3.v.l.) und die Kinder Remy, Vinzenz und Philipp. Marguerites Schwester Thesi wurde Christines Patentante, ihr Bruder Peter Patenonkel

Marguerite 1951
mit Philipp in einem Bergrestaurant am Klausenpass

von ihm oder auch von meiner Mutter anders erzogen worden zu sein als meine andern Geschwister. Zudem bewunderte ich ihn ausserordentlich für sein schauspielerisches Talent, sein unendliches literarisches Wissen und seine brillante Intelligenz.

Auch Mama behandelte uns alle gleich, obwohl das eine oder andere Mal in der Kindheit eines der Geschwister mal sagte: ‹Du bist halt Mamis Liebling.› Aber bevorzugt wurde ich nicht. Allerdings müsste man dazu meine Geschwister direkt fragen.

Arnold Remigius Flury-Cron starb am 8. Februar 1962 in Allschwil an den Folgen eines Unfalls.

Marguerite Maria Flury-Cron verstarb am 18. Februar 1988, 21.50 Uhr im Kantonsspital Basel an Herzversagen.

Die beiden Eltern haben uns allen sehr viel bedeutet, gerade weil wir sie ehrten und lieb hatten. Ihr Tod war für uns alle äusserst schmerzhaft! In seiner bereits 2004 erschienenen Biografie, schrieb Barack Obama über seine Mutter: ‹Ich will gar nicht versuchen zu beschreiben, wie sehr ich ihren Tod

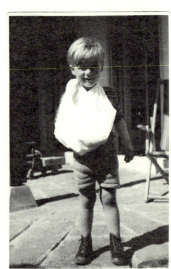

Im Herbst 1953
Philipp mit seiner im Juli geborenen Schwester Christine in Altdorf (l.)

Verbrannter Arm
Philipp als Dreijähriger in Altdorf. Er fiel mit dem rechten Arm ins heisse Badewasser und zog sich schwere Verbrennungen zu (r.)

noch immer bedauere. Sie war der freundlichste, grosszügigste Mensch, dem ich je begegnet bin - ihr verdanke ich das Gute in mir.›
Besser könnte ich es nicht formulieren!»
Der Kellner kommt und streckt jedem die Rechnung hin:

Rotwein: 2 x Dôle du Valais AOC   50cl   Fr. 39.00
Riz Casimir   Fr. 18.50
Café Crème   Fr. 3.70
Total   Fr. 61.20

Der Lautsprecher unterbricht:
«Meine Damen und Herren, wir treffen in Genf ein. Dieser Zug fährt weiter nach Genf-Airport.»

Jean Cron kurz vor seinem Tod
– am 10. September 1950, im 66. Altersjahr – vor dem Haus am Besslerweg in Altdorf: (v.l.) Franz-Xaver, Jean Cron und Remigi

Endstation

«Tja, das war's dann wohl. Schade, dass wir uns trennen müssen. Es war äusserst interessant. Wie geht's weiter bei dir?», meint Marcel.
Ich packe langsam meine Sachen zusammen und zieh mir den Mantel über:
«Ich mache in Genf bei der Pouponnière noch einige Fotos, dann schreibe ich die Geschichte fertig auf. Vielleicht interessiert sich ja jemand dafür ...»
Marcel lacht, während er seine Mappe schliesst.
«Was ist mit deiner Geschichte über das Holzsyndikat?», frage ich ihn.
Er stopft seinen Schal in den Mantel:
«Es gibt da noch einiges abzuklären: Das Syndikat besass ein Geheimkonto, welches in der ordentlichen Buchhaltung nicht erschien. Kantonsrat Bachmann war auch Präsident der Thurgauischen Kantonalbank. Er hat damals bei den Steuerbehörden als Nebeneinkommen nur 32'000.-- Franken angegeben, während er als Direktionsmitglied des Schweizerischen Holzsyndikates 8'000.-- Franken Salär und 2'000.-- Franken für Spesen bezogen hatte. Ist alles dokumentiert!»
«Na, da hast du ja noch eine Menge Arbeit vor dir. Ich wünsch dir viel Glück», sage ich, während Marcel langsam auf die Tür zuläuft.
«Dir auch», ruft er mir zu:
«Man fragte sich übrigens, ob dein Grossvater nicht im Geheimen bei der Firma Nielsen-Bohny & Co. AG angestellt war.
Das wird aber nie bewiesen werden können. Aber weisst du, das Schlimmste ist, dass 1946 in der Strafuntersuchung, nicht der moralische Aspekt bezüglich des Barackenverkaufs an die Deutsche Wehrmacht im Vordergrund stand, sondern allein der Umstand, dass die Verantwortlichen zu viel Provisionsgelder erhalten haben sollen ... Übrigens: Suchst du nun noch nach deinem wirklichen Vater?»

Marguerite 1987
ein Jahr vor ihrem Tod

«Nein! Ich hatte ja einen Vater. Einen guten! Und eine ausserordentliche Mutter! Ohne ihren Kampf gäbe es mich nicht. Wär wohl schade, was?»
Marcel läuft davon, lacht, dreht sich um, streckt seinen Arm in die Höhe und winkt.

Bilder-Quellenangaben

Umschlag-Vorderseite: Clinique des Grangettes, Chêne-Bougeries, Genf
Umschlag-Hinterseite: Grosses Bild: privat; Porträt Flury: Roman Meyer; unterste Reihe (v.l.n.r.): privat; unbekannt; Clinique des Grangettes, Genf; privat; privat
Foto Video Aschwanden AG, Altdorf, Seite 153
Benediktinerkloster Mariastein, Solothurn, Pater Notker, Seite 42 beide
Clinique des Grangettes, Chêne-Bougeries, Genf, Seiten 90, 91, 92/93, 95 beide, 96, 99, 100 oben, 104 beide, 106, 112
Heinrich Danioth, Seiten 47, 76
Eva Jauch, Altdorf, Uri, Seite 86
Messe Schweiz, Seiten 84 beide
Privat, Seiten 15, 17, 18, 19, 21, 22, 23 beide, 26, 32, 38, 79, 150 unten, 156 beide, 164, 165, 167, 168 alle drei, 170, 172
SpectraMotion AG, Seiten 20, 78, 81, 91, 97, 118, 120/121, 122/123, 130, 136, 139, 146, 150, 152, 156, 166
Staatsarchiv Basel Stadt/«Bildgeschichten»/Bildersammlung 1899–1999, Seite 36
Staatsarchiv Basel Stadt/Höflinger, Seiten 64, 65 beide
Unbekannt, Seiten 29, 31, 33, 34, 35, 37, 70, 77, 103, 142, 150 oben, 154, 157,
Vincentianum Broschüre, Seiten 45, 83
Zentral- und Hochschulbibliothek Luzern, Graphische Sammlung, Seite 52
Zunft zu Safran Luzern: info@fritschispiele.ch, Seite 61

Vom Autor sind folgende Bücher erschienen:

1978 «Prominenten in den Kochtopf geschaut»

Kochbuch, Dominant-Verlag
Autor: Philipp Flury

1981
«Schaggi Streuli»

Biographie über den populären Schweizer Volksschauspieler - Schaggi Streuli, Buchverlag der Neuen Zürcher Zeitung
Autoren: Philipp Flury/Peter Kaufmann

1984
«Die Sache mit Lourdes»

Reportage über Lourdes und Schweizer-Pilger, Dominant Verlag - jetzt nur noch im Christiana Verlag, Stein am Rhein erhältlich
Autoren: Philipp Flury

1991
«Liebes Wunschkonzert»

Über die Geschichte der berühmtesten Radio-Sendung, Verlag «Das Beste» - «Reader's Digest»
Autoren: Philipp Flury/Peter Kaufmann

Herausgeber

1985
«Kleine Stadt auf Rädern» -

Buch zur eigenen -14-teiligen Fernsehserie, Dominant Verlag
Autoren: Peter Kaufmann

1979
«O mein Papa»

Biographie über den bekannten Schweizer Musiker - Burkhard, Orell Füssli-Verlag
Autoren: Philipp Flury/Peter Kaufmann

1983
«Heinz Spoerli - Ballett-Faszination»

Biographie und Werkverzeichnis von/über den weltbekannten Schweizer Choreographen, Buchverlag der Neuen Zürcher Zeitung
Autoren: Philipp Flury/Peter Kaufmann

1992
«Hermine H.»

Biographie über eine der bekanntesten «Baslerinnen», Buchverlag der Basler Zeitung
Autor: Peter Kaufmann
Gestaltung: Philipp Flury

1996
«Heinz Spoerli - Ballett-Faszination»

Überarbeitete und ergänzte Biographie und Werkverzeichnis von/über den weltbekannten Schweizer Choreographen, Buchverlag der Neuen Zürcher Zeitung
Autor: Peter Kaufmann/Philipp Flury